RECURSOS EM PSICOTERAPIA

A psicoterapia como prática reflexiva segundo o Milan Aproach

RECURSOS EM PSICOTERAPIA

A psicoterapia como prática reflexiva segundo o Milan Aproach

Marco Bianciardi
e Umberta Telfener

Artesã

DIRETOR
Alcebino Santana

DIREÇÃO DE ARTE
Tiago Rabello

REVISÃO
Débora Andreza Zacharias

CAPA
Artesã Editora

REVISÃO TÉCNICA E TRADUÇÃO
Silvana Garavello

PROJETO GRÁFICO E DIAGRAMAÇÃO
Marcos Digues

Catalogação na publicação
Elaborada por Bibliotecária Janaina Ramos – CRB-8/9166

B577r

Bianciardi, Marco
Recursos em psicoterapia: a psicoterapia como pratica reflexiva segundo o Milan Approach / Marco Bianciardi, Umberta Telfener; Tradução de Silvana Garavelo. – Belo Horizonte: Artesã, 2025.

Título original: Recorsività in psicoterapia - Riflessione sulla pratica clinica

208 p.; 16 X 23 cm

ISBN 978-85-7074-124-0

1. Psicoterapia. 2. Terapia familiar. I. Bianciardi, Marco. II. Telfener, Umberta. III. Garavelo, Silvana (Tradução). IV. Título.

CDD 616.89

Índice para catálogo sistemático
1. Psicoterapia

IMPRESSO NO BRASIL
Printed in Brazil

(31) 2511-2040 (31) 99403-2227
www.artesaeditora.com.br
Rua Rio Pomba 455, Carlos Prates - Cep: 30720-290 | Belo Horizonte - MG
/artesaeditora

Sumário

O caminho que levou a este livro

Antes de iniciar, gostaríamos de sublinhar como as reflexões propostas emergem da história de ambos. O nosso interesse por estas questões não surge, obviamente, apenas da nossa experiência profissional como psicoterapeutas e professores, mas também da nossa experiência pessoal como pacientes e terapeutas em formação, desde nossos interesses teóricos e epistemológicos mais amplos, a partir de reuniões e discussões com muitos colegas, também de áreas diferentes da nossa, e com acadêmicos e profissionais de outras disciplinas, que compartilham a paixão pela pesquisa e pelo estudo do mistério da vida e da complexidade irredutível da experiência humana.

Esta comparação ocorreu a partir do nosso percurso de treinamento pessoal, o qual situa o nosso pensamento a respeito da Psicoterapia num quadro teórico específico e numa opção epistemológica precisa, isto é, a epistemologia cibernética e a teoria dos sistemas, à qual ambos nos referimos em nossa prática clínica.

Foi o encontro com a riqueza e a complexidade do percurso de investigação de Gregory Bateson, com a magia do pensamento de von Foerster, que nos permitiu intuir a necessidade de uma "outra" lógica: uma lógica capaz de escapar à oscilação perene entre o pensamento linear e o determinista, tranquilizador, mas redutor, e a improvisação de pura criatividade, sugestiva e cativante, mas pouco confiável; uma lógica que entende a recursão entre níveis de abstração introduzida por conceitos de segunda ordem como ferramenta conceitual capaz de respeitar a complexidade da vida e, mais ainda, dos assuntos humanos. Heinz von Foerster foi nosso professor e tratou deste assunto, ensinando-nos que a cibernética deveria ser entendida "como cibernética da cibernética", e que devemos nos questionar constantemente sobre tudo o que sabemos, pois nós o criamos e, portanto, somos responsáveis por ele.

Partindo desta opção teórico-metodológica, a nossa formação profissional, como acontece cada vez mais hoje, não tem sido unívoca e monotemática. Isto certamente nos ajudou a reconhecermos a importância e a utilidade (mas também poderíamos digamos, a necessidade) de permanecermos abertos a uma comparação humilde e autêntica entre abordagens teóricas e diferentes modelos clínicos; esta mesma experiência também estimulou e facilitou reflexões do que podemos supor, caracterizando a prática psicoterapêutica em como tal e para além das abordagens individuais, sendo, portanto, o esforço para compreender e formalizar o que diferenciaria a Psicoterapia de outras práticas profissionais.

Não só isso: ambos acreditamos que a responsabilidade de quem pratica Psicoterapia é muito elevada e isso por si só é um aspecto que caracteriza a nossa profissão. Há vários anos, propusemos a colegas psicoterapeutas de diferentes abordagens clínicas que refletissem sobre o risco de a Psicoterapia acabar sendo prejudicial. O texto que reúne essas reflexões chama-se *Adoecendo com Psicoterapia. O risco iatrogênico do cuidado (1995).* Mais recentemente, Marco Bianciardi publicou *Psicoterapia como Ética*, coleção que inclui também uma importante contribuição de Umberta Telfener. Ética e responsabilidade em Psicoterapia são, portanto, outra linha de pesquisa instigante, a qual desemboca nas reflexões propostas neste texto.

Este livro é, e pretende ser, um livro comprometido, com textos que tomam posição, não sendo esta neutra, convocando aqueles que se dedicam ao trabalho clínico a reconhecer em responsabilidade própria da primeira pessoa e no processo terapêutico. A nossa pretensão é nos envolvermos na procura de uma prática clínica cada vez mais responsável, consciente e respeitosa das pessoas que nos recorrem. Por isso, há a pretensão de envolvermos o leitor na mesma investigação. Trata-se de um texto apaixonante, cuja intenção é entusiasmá-lo pelo menos tanto quanto nos apaixona ao pensá-lo e escrevê-lo.

O título foi-nos sugerido pelo artista Paolo Monti, um amigo em comum, que se define como um epistemólogo sistêmico, um bastardo temporal. Ao sugerir o título, acrescentou: "Só a epistemologia pode criar o milagre das histórias que podem ser construídas. Somente a epistemologia pode ajudar o outro a fazer algo por si mesmo, pode gerar outra forma de ver o mundo. Porque as histórias gotejam do céu até nós. Porque temos que voar excessivamente." Isso nos convenceu, porque a imagem do contador de histórias combina uma prática antiga com a dimensão narrativa comum hoje em muitas práticas terapêuticas. A leveza de voar expressa efetivamente a necessidade de assumir múltiplas posições e mover-se constantemente entre múltiplos níveis, com improvisação e criatividade. Implica um ato imprevisível para nós, humanos, pois acreditamos que seja imprevisível ou o processo clínico seja necessário dentro de uma previsibilidade organizada.

Algumas palavras relacionadas as nossas diferenças e a estrutura do livro. O livro está dividido em três partes: uma primeira, que introduz os conceitos do ponto de vista teórico, uma segunda, que trata da teoria da técnica e leva em consideração os conceitos de diagnóstico, relacionamento e mudança, e uma terceira, mais pragmática, que aborda o mérito das operações clínicas, apresentando muitos exemplos. Acreditamos que o leitor vá se beneficiar da diferença de abordagem estilística e lógica dos dois autores. Marco é certamente mais pontual, por isso siga passo a passo seu raciocínio, enquanto Umberta é mais anedótica e oferece pinceladas.

Apenas a apresentação e as conclusões são coescritas, sendo cada capítulo assinado por seu autor. Esperamos que esta mesma diferença ofereça uma pluralidade de planos de abordagem e interpretação desse processo misterioso e complexo que é a Psicoterapia. A Psicoterapia é, na verdade, o tema principal de todo o livro.

Apresentação

A prática psicoterapêutica é uma prática profissional tão excitante e envolvente quanto difícil e exigente. Ela nos coloca em contato com os mais sofredores aspectos dramáticos e aparentemente inexplicáveis da experiência humana, confrontando-nos com o desespero, suicídio, delírio; ela nos permite descobrir recursos inesperados nas outras pessoas e pode reservar-nos o dom de partilhar caminhos existenciais de mudança e crescimento, proporcionando-nos enriquecer como pessoas e como profissionais. E não é só isso: ao exercermos a nossa maravilhosa profissão, somos muitas vezes instados, estimulados, forçados a questionar sobre o próprio sentido da vida e os problemas últimos da existência. Devemos confrontar o drama da liberdade humana e o paradoxo da responsabilidade subjetiva. Encontramo-nos refletindo sobre a importância do acaso e das contingências nos momentos decisivos da vida e como estes podem destacar os pontos críticos e as fragilidades que cada um de nós esconde dentro de si sem saber; fragilidade que pode emergir os recursos, a criatividade, a resiliência de que o homem é capaz. Por fim: a Psicoterapia, embora atue exclusivamente com palavras, também pode ser perigosa e causar danos cuja gravidade permanece imensurável. Por esta razão, devemos manter sempre uma atitude de humildade e dedicação no centro do nosso compromisso profissional.

A sabedoria contida no "princípio Primum non nocere": esta não é uma observação secundária. Pelo contrário: aquilo com que lidamos é tão complexo, difícil e, de certa forma, misterioso, que devemos ser capazes de abandonar qualquer certeza tranquilizadora, conscientes de quão cegos isso poderia nos deixar. Uma atitude de humildade sincera que surge à consciência do risco iatrogênico está no centro da forma de compreender a prática psicoterapêutica que pretendemos propor.

A tese discutida neste texto é a seguinte: hoje é preciso entender, compreender e discutir a prática psicoterapêutica como prática de segunda ordem, e fazê-lo pode tornar-nos mais conscientes, flexíveis, responsáveis e úteis para aqueles que confiam em nós. Argumentaremos também que a Psicoterapia pode ser entendida como uma prática de segunda ordem, independentemente de modelos clínicos específicos. Esta característica, na verdade, apesar de ser descritível em forma precisa e rigorosa, é colocada em um nível suficientemente abstrato para poder ser considerada uma característica de todos os modelos psicoterapêuticos, e não caracteriza um modelo diferenciando-o de outro.

Estamos, portanto, convencidos de que hoje, mesmo partindo de um quadro teórico diferente e dentro de uma abordagem epistemológica diferente, é possível colocar em prática – talvez até não usando explicitamente este conceito – operações sobre operações. Um psicanalista contemporâneo, por exemplo, poderia operar com métodos substancialmente semelhantes aos que iremos propor, permanecendo dentro da sua esfera.

Teoria e a epistemologia que lhe está subjacente. Naturalmente, ele irá implementá-las seguindo um caminho parcialmente diferente e, talvez, com acentos e nuances de discurso diferentes daqueles no qual nos concentraremos.

Consideremos, por exemplo, que qualquer psicoterapeuta responsável e experiente, tanto na sua abordagem teórica como clínica, será capaz de questionar as suas próprias hipóteses de trabalho quando o processo terapêutico parecer estar num impasse; bem, acreditamos que o profissional pode compreender, discutir e formalizar esta flexibilidade utilizando dois conceitos de segunda ordem – "saber que sabe" e "saber que não sabe" –, os quais discutiremos extensivamente.

Considere também que não existe psicoterapeuta que, de fato, não monitore constantemente o processo de tratamento; discutiremos essa atenção constante como um "cuidar processo de tratamento". Por fim, considere que a prática de todo psicoterapeuta envolve refletir sobre as próprias formas de participar do processo, sobre os seus pontos cegos, sobre as suas emoções nas próprias experiências, nos preconceitos; vamos definir essa atitude como uma atitude de "responsabilidade de segunda ordem" ou "corresponsabilidade".

Portanto, não propomos um novo modelo de prática psicoterapêutica. Pelo contrário, acreditamos que todos aqueles que se dedicam à nossa fascinante profissão podem ler e compreender a sua própria prática como uma prática de segunda categoria. Estamos convencidos de que isso pode ser útil no encontro terapêutico.

Apresentação a Edição Brasileira

Conheci Umberta Telfner, antes de pessoalmente, através de minha amiga e "Madre in Itália", Jacqueline Boscolo, em uma de nossas conversas, onde me apresentou o livro de Umberta – Me Casei com um Narcisico -, o qual, me provocou grande curiosidade, assim, me empenhei em conhecê-la pessoalmente.

Dito e feito: - Jacque procurou por ela, pois estávamos em um congresso da escola Centro Milanese di Terapia della Famiglia - CMTF, unidade de Trieste, isto em 2007. Foi entusiasmante conhecê-la. Mulher de muita personalidade, força, entusiasmante. Conversamos muito sobre o que a inspirou, e, assim, conheci um pouco de sua história e todos os seus livros e ideias. Marco estava também presente e tivemos dias muito ricos onde pude participar das ideias dos professores do CMTF, bem como, usufruir de muito aprendizado.

Este livro foi construído para nós, Terapeutas Relacionais Sistêmicos, entender a prática clínica do Milan Approach, criado pelos psiquiatras e psicoterapeutas tão conhecidos na terapia familiar como o famoso grupo de Milão – Gianfranco Cecchin e Luigi Boscolo, que, após se separarem de Mara Selvini e Giuliana Prata, nos fins dos anos 70, seguiram na compreensão e estudo do pensamento sistêmico em sua base, ou seja, Gregory Batson e outros que, para eles, era o que chamamos "beber na fonte" para assim, entenderem os questionamentos que os mesmos já faziam na época de Selvini e Prata, que foram os impulsionadores da escolha que fizeram de seguirem em outra trajetória. Buscaram entender mais que "a loucura, o duplo vínculo, as tramas familiares... etc.", mas, o humano presente nos contextos, o "Padrão Relacional" construído a partir da interpretação que o sujeito fazia de sua história. Assim, Umberta e Marco, como tantos outros alunos e docentes do CMTF, desenvolveram, cada um em sua particularidade, os preceitos básicos do Milan Approach, descritos e explicados neste Livro como curiosidade, neutralidade, ver o bonito no feio etc., com toda sua singularidade, nos convidando ao processo de "humanização" do terapeuta, do cliente e de sua história...

Saber que não se SABE.... É INCRÍVEL, pois nos coloca no lugar do "ser gente", antes de mais nada, condição sine qua non para nos tornarmos "Contadores de Histórias" que possibilitará ao outro fazer as pazes com o passado para terem direito a "construírem um hoje e amanhã".

Ouvi algumas décadas atrás, em uma conversa divertida e curiosa com Dr. Luigi Boscolo, que nos especializamos em "curar as dores do outro", mas, principalmente, que só somos humanos como eles.

Silvana Garavello

Rigor e flexibilidade

Algumas considerações preliminares podem ser úteis para começar a explorar a pergunta. A prática psicoterapêutica transita sempre entre o rigor e a flexibilidade, entre a criatividade e o método. Ela requer uma teoria de referência explícita e consciente e um método que se baseia nesta teoria, mas também deve ser capaz de mostrar-se aberta a integrações e enriquecimentos teórico-conceituais e técnicos. O psicoterapeuta também deve se envolver mostrando uma dedicação e seriedade profissional que pode ser muito elevada, mas, na aplicação do próprio método, deve também ser capaz de ser criativo e flexível, de estar pronto para responder a situações imprevisíveis e, portanto, quebrar os moldes e desistir protocolos. Deve saber voar. Poderíamos dizer que quem pratica Psicoterapia deve estar sempre pronto para ser surpreendido pelas viradas do processo e pela evolução do relacionamento e que, às vezes, deve ser capaz de surpreender até a si mesmo.

A Psicoterapia não pode, nem deve, ser praticada aderindo de forma rígida e repetitiva a protocolos de intervenção fixos e predefinidos. Isto não significa que o psicoterapeuta pode agir de forma irresponsável, casual e pouco “séria”, pelo contrário, isso implica e envolve assumir responsabilidades subjetivas e pessoais: o psicoterapeuta, como veremos, é pessoalmente responsável.

Poderíamos dizer que a Psicoterapia, sempre transitando entre o rigor e a criatividade, é uma prática que exige tanto “peso” como “leveza”, e claro, como e até que ponto estes podem ser integrados e devem ser implementados dentro de cada processo único, torna a questão fascinante e ao mesmo tempo muito difícil. Nós somos convencidos de que existem psicoterapeutas que colocam a ênfase antes de tudo no rigor e método e psicoterapeutas que, em vez disso, enfatizam mais a importância da criatividade e flexibilidade, contudo estamos igualmente convencidos de que não existe nenhum psicoterapeuta que, em última análise, não concorda com a necessidade de saber ser rigoroso e flexível ao mesmo tempo.

Previsibilidade do resultado e imprevisibilidade do processo

Uma segunda observação relativa à especificidade irredutível do encontro psicoterapêutico é a seguinte: em Psicoterapia, ser capaz de prever um bom resultado implica a imprevisibilidade das etapas individuais do processo. O psicoterapeuta terá que ser criativo em momentos individuais e nos pontos de viragem individuais de cada reunião e não será capaz de prever os aspectos minuto e pontual do processo. Em outras palavras: para poder prever com certeza suficiente que um processo psicoterapêutico acabará por ter um resultado bem-sucedido, é melhor aceitar conscientemente que ele é substancialmente imprevisível no nível imediatamente inferior, ou seja, no nível de como, e por meio de quais etapas e quais eventos do encontro relacional, será possível chegar a um resultado que possa ser julgado pelo cliente e pelo terapeuta como suficientemente bom.

Nesse sentido, podemos afirmar que na prática psicoterapêutica a previsibilidade do resultado surge e exige a capacidade de seguir caminhos imprevisíveis. Isto corresponderia ao fato de a necessária “seriedade” do método implicar um certo grau de improvisação e criatividade.

Como é possível buscar a previsibilidade por meio do imprevisível?

E como garantir a seriedade metodológica graças a uma criatividade que garantiu que a Psicoterapia foi algumas vezes, e não surpreendentemente, definida como uma arte? À primeira vista, a resposta pode limitar-se a considerar a Psicoterapia no âmbito das profissões "reflexivas "no sentido que Donald Schon dá a este conceito (1999). Em nossa opinião, isto não é suficiente: discutiremos detalhadamente como existe uma diferença substancial entre a Psicoterapia e as profissões que devem ser praticadas de forma "reflexiva".

Uma "cura" que não tem características de cura

Tanto a necessidade de uma dialética constante entre rigor e flexibilidade, como o paradoxo da uma previsibilidade que pressupõe aceitar o imprevisível, talvez possa ser mais bem compreendido à luz do nó problemático que caracteriza a prática psicoterapêutica desde a sua origem: o fato de a sua prática, por um lado, ser proposta como uma "cura", mas que, por outro lado, caracteriza-se como um tratamento completamente peculiar.

O fato de a Psicoterapia ser proposta como uma "cura "e ser considerada como tal por quem a pratica e por quem recorre ao psicoterapeuta – com todas as consequências do papel social, econômico e institucional – implica que o psicoterapeuta não pode não assumir total responsabilidade pelo processo de "tratamento". Mas também é verdade que o psicoterapeuta não possa assumir a total responsabilidade pelo processo de cura.

A responsabilidade total do psicoterapeuta parece substancialmente diferente da responsabilidade do médico que prescreve um medicamento ou do cirurgião que opera. E isto por pelo menos duas razões muito importantes. Em primeiro lugar, porque o psicoterapeuta certamente não pode confiar na certeza de protocolos de intervenção invariantes validados pela comunidade científica: fazê-lo significaria renunciar ao encontro com o outro como pessoa e, portanto, como sujeito autônomo, autor de significados e tecelão de histórias que tem: a característica de singularidade e irrepetibilidade. Em segundo lugar, porque o encontro psicoterapêutico é um "encontro" no sentido próprio, em que o cliente não precisa se limitar a dar seu consentimento e aceitar o tratamento prescrito, mas é chamado a participar de forma ativa e emocional a assumir o seu papel, transformado a responsabilidade subjetiva por aquilo que propõe no diálogo. Isso nos permite observar que, enquanto no campo médico a relação de "cuidado" se caracteriza como substancialmente um para cima/um para baixo e prevê uma complementaridade explícita ativa/passiva, o encontro na terapia psicoterapêutica tem imediatamente características mais complexas e, em alguns aspectos, contraditórias: a Psicoterapia deve desenvolver-se ao longo do tempo como uma relação autêntica entre sujeitos, embora dentro de uma estrutura que mantém uma diferença em funções e contratos.

Uma das especificidades da prática psicoterapêutica consiste, portanto, em ser um "cuidado" em sentido estrito, mas que não pode ser exercido propondo o tipo de relação, o que é típico de "tratamentos" em qualquer outra área de intervenção médica ou paramédica. Poderíamos dizer que em todas estas áreas é correto falar de "intervenção no corpo ou na "pessoa ", enquanto na Psicoterapia temos que falar em "encontro com o outro ". E tanto a dialética entre método e criatividade, quanto a necessidade de aliar rigor e improvisação estão presentes precisamente dentro e a partir deste nó problemático.

Cura com a palavra e sua impossibilidade

Cura com a palavra e sua impossibilidade que o tratamento que o psicoterapeuta propõe tem características irredutíveis a todos outros atos de cuidado fica ainda mais evidente se considerarmos que a Psicoterapia nasceu como fala DE cuidado, cuidado com a palavra. Não devemos nos esquecer de que o conceito de "cura" está inserido no conhecimento médico e, portanto, refere-se, inevitavelmente, a esses critérios de "cientificidade" que a Medicina tem prosseguido com louvável empenho para se emancipar progressivamente das práticas de feitiçaria, magia e simples sugestão. A "cura" é assim definida como tal na medida em que se baseia numa investigação diagnóstica que utiliza testes "objetivos", na utilização de medicamentos cuja eficácia foi comprovada experimentalmente ou na utilização de "práticas" ou "técnicas" que não são simplesmente verbais. Se levarmos em conta estas considerações, podemos considerar corretamente a frase "curar com palavras", uma verdadeira contradição em termos.

Na nossa cultura, hoje, tomamos como certo que as dificuldades do assunto, as patologias do psiquismo, os sintomas de natureza psicológica e psiquiátrica podem e devem ser abordadas e tratadas graças às relações, aos encontros à escuta e às palavras. Mas isso não elimina a dificuldade, o desafio, a natureza problemática, do que compreender uma "cura" como algo a "palavra cuidado" tem um lugar e continua a ter um lugar.

É inteiramente legítimo perguntar como é possível acreditar que a Psicoterapia não é sugestão, plágio, mera ilusão, visto que não implementa práticas médicas e não faz uso de drogas, substâncias ou medicamentos. Só pode haver uma resposta: a Psicoterapia só pode ser caracterizada como uma cura com palavras, mas também como uma cura com palavras, na medida em que ela encontra o outro como sujeito, e cada um de nós é sujeito precisamente nisso, o sujeito da fala. Somos mulheres e homens graças a um processo evolutivo milagroso que permitiu-nos aceder ao uso da linguagem, arrancando-nos do imediatismo e da inocência em que vivem as plantas e os animais, capturando-nos numa teia de narrativas e de significados. Graças à palavra, criamos e recriamos continuamente significados. A partir destes, a própria sobrevivência da identidade subjetiva que cada um de nós constrói e recria depende se ela constrói incessantemente nas práticas linguísticas. Psicoterapia então só pode apresentar-se como cura com a palavra, pelo simples fato de ser a palavra que faz cada um de nós ser um sujeito: sujeito de desejos, esperanças e sonhos, de sentimentos profundos e anseios secretos, mas também de medos que podem ser angustiantes por mais desmotivados que sejam, de confusões e mal-entendidos que podem fazer vacilar naquilo que acreditamos que sentimos, que somos em nossa identidade.

Mas se é verdade que esta observação explica o fato de a Psicoterapia só pode ser uma cura com palavras, é também verdade que não simplifica em nada a dificuldade da tarefa daqueles que pretendem "curar com palavras": uma dificuldade que fez com que Freud, o próprio, reconhecesse a Psicanálise como uma "tarefa impossível".

Resumindo

Revendo brevemente as observações propostas nesta introdução, a Psicoterapia:

- deve saber combinar método e flexibilidade e fazê-lo de forma criativa e rigorosa ao mesmo tempo;
- deve ser capaz de reconhecer a imprevisibilidade do processo, a fim de prever um resultado;
- deve ser boa o bastante;
- embora entendida como "cura" no sentido próprio, é definida por características substancialmente diferentes daquelas que definem qualquer outro processo de tratamento;
- deve reconhecer-se como "impossível", uma vez que se baseia apenas em palavras e relações e renuncia a qualquer outro meio ou instrumento.

Nosso trabalho sugere que essas peculiaridades surpreendentes e aparentemente paradoxais da nossa profissão podem ser mais bem compreendidas se considerarmos a Psicoterapia como uma prática de segunda ordem. Também acreditamos que podemos ser mais úteis para quem nos pede ajuda e evitar mais facilmente o risco dramático de efeitos iatrogênicos, se nos deixarmos guiar por conceitos de segunda ordem e se relermos o nosso trabalho concreto em terapia em termos de segunda ordem – ordem de operações.

De modo geral, acreditamos que a prática psicoterapêutica nos força e nos encoraja a adotar uma lógica "outra": uma lógica capaz de escapar à oscilação perene entre o pensamento linear, tranquilizadora, mas redutor, e a improvisação da criatividade pura, sugestiva e cativante, mas pouco fiável. Propomos uma lógica que entende a recursão entre níveis de abstração introduzida por conceitos de segunda ordem como uma ferramenta conceitual capaz de respeitar a complexidade da vida e, mais ainda, dos acontecimentos humanos.

PARTE I

A Teoria

Capítulo 1

As especificidades da prática psicoterapêutica

Marco Bianciardi

Neste primeiro capítulo, começaremos a refletir acerca do que caracteriza a prática psicoterapêutica e a distingue de qualquer outra prática profissional, e destacaremos aspectos que consideramos característicos e indispensáveis.

As especificidades da profissão psicoterapêutica

A prática psicoterapêutica estabelece uma relação com características próprias, que a diferencia de qualquer outra profissão "liberal", de "saúde" ou de "ajuda".

Esta especificidade da Psicoterapia está inscrita no próprio cerne do encontro psicoterapêutico: no fato de o psicoterapeuta encontrar o outro como pessoa, ou seja, na singularidade irredutível de sua experiência subjetiva. No relacionamento, eles enfrentam as premissas no campo de maneira que são, e só podem ser, peculiares a cada indivíduo. Ao contrário da própria Psicologia, que estuda a experiência subjetiva em seus aspectos generalizáveis, a Psicoterapia visa conhecer e cuidar de cada mulher e de cada homem como "sujeito" e como "pessoa". É sobre a experiência subjetiva em sua totalidade, complexidade, integridade e fragmentação. Tarefa que o psicoterapeuta está, portanto, entrando em relação com o outro na riqueza dos acontecimentos previsíveis, nas quais todos nos envolvemos e estamos envolvidos. Estes são eventos subjetivos que, assim que nos aproximamos deles, aparecem multifacetados, articulados, multidimensional, sobredeterminado e multisignificativo, que são imediatamente recusados em um caleidoscópio de significados possíveis e formas alternativas de ser narrado e re-narrado.

Para não trair um aspecto indispensável da autenticidade da sua prática, a Psicoterapia não pode recorrer a um enquadramento temporário e consciente da complexidade, da singularidade da experiência subjetiva. Neste sentido, a prática da psicoterapêutica difere mais das teorias psicológicas do que estas diferem de outras ciências humanas. Teorias psicológicas e classificações psicopatológicas, na verdade, operam substancialmente como todas as outras ciências: colocam a singularidade entre colchetes da experiência subjetiva para estudar os aspectos que podem ser generalizados, descritos e classificados. A prática psicoterapêutica, ao contrário, deixa em segundo plano teorias e categorias, e o faz para poder lidar precisamente com o que, na experiência, do outro, é único, irrepetível, e não generalizável.

Humildade como atitude científica

Se não esquecermos que o nosso compromisso profissional nos leva a aproximar-nos dos outros na sua singularidade subjetiva, o ponto de partida só pode ser a honestidade intelectual reconhecer nossa ignorância. Esta é uma honestidade que dará bons frutos.

Quando uma pessoa se volta para nós e comenta a respeito de seu sofrimento e sobre suas próprias dificuldades, pedindo-nos ajuda para superá-las, certamente não podemos acreditar, muito menos afirmar que temos soluções prontas e remédios seguros em mãos. Não só isso: temos razões para ter cuidado com um psicoterapeuta que promete soluções pré-embaladas e interprotocolos propostos padronizados, fazendo-os passar por um método de tratamento certo e garantido. Devemos reconhecer que os processos e as "dinâmicas", a partir dos quais o sofrimento subjetivo é e, em última análise, permanece um mistério, além das muitas teorias fascinantes que construímos para explicar esse mistério.

Após reflexão, devemos reconhecer nossa imensurável ignorância, mesmo sobre como todos nós, frequentemente, conseguimos nos sentires "suficientemente bem": se de fato vamos considerar a assustadora complexidade de viver nossa experiência como organismos biológico, sexual, social, cultural, linguístico... o equilíbrio, embora sempre precário e provisório, que nos permite sentir-nos suficientemente bem, aparece em alguns aspectos milagroso.

Aqueles que não o fazem sentem-se, antes de mais, profundamente ignorantes face à complexidade e à irredutibilidade da experiência subjetiva, talvez eles não devessem ler este texto: pode ser que ele lhes seja útil dentro de um certo número de anos. Nossas reflexões são dirigidas àqueles que estão sinceramente convencidos de que só poderíamos realizar pequenos passos em direção a uma maior compreensão de como esse maravilhoso organismo e hipercomplexo pode ser o lugar do surgimento da consciência, das emoções, dos sentimentos, dos desejos, das ansiedades, dos sonhos, da capacidade de usar símbolos e fazer planos, falar e mentir, criar jogos de palavras e inventar piadas, somatizar e ficar deprimido, ficar animado e enlouquecer, "conhecer a si mesmo" mortais e poder escolher morrer por um ideal.

Acredito que só quem se sente espontaneamente numa atitude humilde – aquela humildade que Gregory Bateson considerava uma atitude "científica", além de quem é ético e estético – pode ler com proveito as reflexões propostas neste texto.

Esta atitude de humildade provém da consciência da ignorância e deve reunir todos aqueles que lidam com os fenômenos da vida.

É necessário salientar que o "não saber" do psicoterapeuta tem outras conotações mais específicas e, pode-se dizer, radical. Para o psicoterapeuta, trata-se de uma questão de não saber que é colocado no centro da prática de alguém, que não pode em caso algum ser superado ou eliminado, mas que, precisamente por isso, acaba por ser o principal recurso do "trabalho" que fazemos com quem nos procura.

A impossibilidade de conhecer o outro

A especificidade do encontro psicoterapêutico envolve uma renúncia e implica uma impossibilidade. Trata-se de renunciar a considerar o outro como "objeto" de si mesmo atividades de estudo e conhecimento, consequentemente, da impossibilidade de nos colocarmos na posição de observadores externos de um objeto a ser avaliado e sobre o qual intervir.

A "subjetividade" do outro não pode, por definição, ser "objetivada". Na verdade, é puro e sempre possível considerar e tratar a "psique" (seja lá o que entendamos por este termo) da mesma forma que o "corpo" ou "comportamento" e, portanto, por assim dizer um "objeto" que pode ser distinguido da "subjetividade"; no entanto, é necessário sublinhar que esta operação implica evidentemente não considerar a pessoa que encontramos no seu ser um sujeito único, autônomo, livre e responsável. Por outro lado, parece completamente óbvio que, se observarmos o outro como um "objeto de conhecimento", evidentemente não o encontramos como um "sujeito". Não é logicamente possível simplesmente "observar" o outro como um "sujeito": com um sujeito só podemos entrar em relacionamentos – e podemos entrar em relacionamentos colocando-nos como sujeitos e como pessoas.

Se estivermos convencidos, portanto, de que a Psicoterapia visa conhecer e ajudar os outros como pessoa e como sujeito, deparamo-nos com a impossibilidade de "dividir" especificidades e aspectos emocionais ou comportamentais, a fim de tratá-los de forma "objetificadora".

Podemos acrescentar que a razão deste "não poder saber" é também uma razão para muito simples em si: trata-se de uma razão «atual», que não pode, em caso algum, ser iludido. O outro como sujeito ocupa um vértice de observação que é "outro" do meu.

Não posso, por definição, colocar-me no lugar dele, vivenciar sua história do ponto de vista dele, conhecendo por dentro suas emoções e suas formas de viver suas próprias experiências subjetivas e atribuir significado a elas. Recordamos que, como psicoterapeutas, estamos interessados, antes de tudo, em compreender as maneiras pelas quais o outro dá sentido ao encontro conosco: mas, não podendo ocupar o topo da observação a partir da qual ele vivencia a relação conosco, só podemos, nesse sentido, formular hipóteses do nosso ponto de vista ou do nosso ponto de observação. Em outros termos: não temos permissão para sair da nossa pele (ou, por metáfora, das nossas premissas lógicas e emocionais e do ponto de observação absolutamente subjetivo a partir do qual observamos e interpretamos a relação com o outro), nem nos é possível irritar ou colocar-se no lugar da outra pessoa e assumir seu ponto de vista por dentro. Em última análise: a nossa intenção é encontrar o outro em seu ser "outro" de nós, em sua autonomia experiencial e na liberdade e na responsabilidade que o definem como pessoa e como sujeito.

Não, portanto, não faria sentido imaginar e pretender conhecer a sua experiência e história de uma forma "objetiva", por assim dizer, ou seja, fornecendo uma descrição estática de fora e objetivo. Como psicoterapeutas encontramos o outro à medida que ele se revela como fonte inesgotável, autônomo, criativo e imprevisível em significados e histórias, emoções e experiências específicos apenas para ele.

O psicoterapeuta, portanto, não ignora um conteúdo que deveria ou poderia saber. Simplesmente ignora o que, por definição, não pode saber: qualquer pessoa pode conhecer o ponto de vista do outro e as maneiras pelas quais o outro sabe. Nós somos interessados no que o outro sabe e, de certa forma, ainda mais em como ele sabe disso.

Uma atitude de respeito autêntico

Esta consciência do nosso "não saber" é, antes de tudo, uma atitude de respeito: respeito pela alteridade do outro, pela sua autonomia, liberdade e responsabilidade: este envolve reconhecer o direito (mas também a responsabilidade) do outro de "reler" ou reinterpretar à sua maneira, ou do seu ponto de vista, o que o terapeuta pensa, diz ou propõe. O outro redefinirá isso livremente, de forma imprevisível e, em qualquer caso, autônoma que para si mesmo, ou do seu ponto de vista, é significativo ler na sua própria história e, também, no relacionamento terapêutico. E é precisamente esta liberdade, este potencial de nos surpreender, o que define o outro como "outro" e como sujeito autônomo e responsável. Afinal, se nem sempre soubéssemos que essa possibilidade estava aberta, a Psicoterapia não poderia ser reduzida a uma espécie de "mecânica" da psique?

A consciência da impossibilidade de conhecer o outro e o consequente respeito da sua autonomia garante que a Psicoterapia é, e deve ser, uma relação primeiramente toda "humana", sem deixar de ser uma relação "profissional". Outro dos aspectos surpreendentes e, de certa forma, paradoxais da Psicoterapia é que o profissional, um psicoterapeuta, para ser um "bom" profissional, não precisa ser "profissional": pelo contrário, ele deve ser antes de tudo uma "pessoa". Na nossa opinião, devemos concordar humildemente em manter firmemente ambos os aspectos que caracterizam o nosso profissionalismo: de um lado a necessidade de assumir plenamente a responsabilidade pelo seu papel profissional quanto aos processos de tratamento e seus resultados, já por outro lado, a impossibilidade de manter uma atitude asséptica e desapegada que o impediria de iniciar um relacionamento pessoal e como pessoas. Metaforicamente: devemos continuar a ser profissionalmente responsável ao renunciar às camisas brancas.

Que a relação psicoterapêutica é "profissional" se, e somente se, for também um encontro autenticamente humano, confirma que o nosso profissionalismo não pode basear-se, simplesmente, em um "conhecimento". O médico deve ser capaz de prescrever o tratamento adequado ou realizar a cirurgia corretamente. O engenheiro não deve cometer erros cálculos. Se eles também se preocupam com a qualidade do relacionamento com seu cliente, isto pode certamente ser agradável e, no caso do médico, também pode ser útil: mas, em qualquer caso, este aspecto não é essencial no exercício da profissão. Em última análise, o que conta é o conhecimento teórico e técnico, a experiência na sua aplicação, a habilidade profissional. Para o psicoterapeuta este não é o caso. O psicoterapeuta não pode limitar-se a "conhecer" e aplicar corretamente seus conhecimentos, você terá que recusar todos os aspectos possíveis do conhecimento e fazer malabarismos implementando a multiplicidade em cada área (multiplicidade na compreensão, das premissas, do seu posicionamento, dos pontos de vista...), aspectos que serão tratados mais adiante.

"Saber que você sabe" e "saber que você não sabe"

O psicoterapeuta certamente deve "saber ", mas, diferentemente de qualquer outro profissional, deve acima de tudo estar ciente de como ele constrói o conhecimento próprio (saber que você sabe); devem estar cientes do fato de que seus próprios conhecimentos são caracterizados por uma impossibilidade irredutível (saber que não se sabe).

O profissionalismo do psicoterapeuta emerge de um movimento constante, de uma dialética e, portanto, nunca concluiu o diálogo entre esses dois níveis diferentes do nosso conhecimento: num primeiro nível, conhecimento teórico e teoria clínica, embora ainda necessária, num nível diferente, uma consciência que se coloque como "objetivo", isto é, relacionado ao primeiro nível de conhecimento.

Esta peculiaridade da profissão psicoterapêutica, ao introduzir a necessidade de conhecimento de segunda ordem pode ser considerada uma característica "lógico e epistemológico": lógica em sentido estrito, pois é uma consequência do fato, de que o nosso conhecimento emerge de práticas linguísticas, e epistemológico no que se refere a características de nossos modos de conhecer. Este conhecimento de segunda ordem não representa uma característica formal que pode ser considerada independente de teorias, procedimentos de diferentes abordagens clínicas e métodos. Seja qual for a sua teoria de referência, e qualquer que seja a metodologia e técnica que o psicoterapeuta utilize, ele não será capaz de limitar-se a "conhecer", mas também terá que mostrar, durante o tratamento, flexibilidade, criatividade e capacidade de improvisar e mudar, que são inevitavelmente necessárias para que um caso relacional, que só pode ser único, seja bem-sucedido irrepetível, assim como a pessoa que conhece é única. Pois bem: estamos convencidos de que a flexibilidade, criatividade, vontade de questionar e revisitar constantemente as próprias hipóteses e as próprias formas de participar do relacionamento só podem surgir de um posicionamento múltiplo diante do conhecimento.

A Psicoterapia é uma profissão simplesmente "reflexiva"?

Num texto muito interessante, Schon argumentou extensivamente e argumentou que a prática profissional pode e deve ser entendida como uma prática "reflexiva".

A prática psicoterapêutica é, sem dúvida, uma prática "reflexiva" no sentido proposto por Schon, que apresenta um longo e detalhado exemplo de supervisão de um caso clínico em tratamento psicoterapêutico. No entanto, acreditamos que a Psicoterapia não é apenas ou simplesmente uma profissão reflexiva. Entenda as diferenças entre a prática psicoterapêutica e as práticas reflexivas que podem ser muito úteis para esclarecer com o que estamos lidando, propondo.

O profissional reflexivo aplica um "conhecimento" a situações que são todas, pelo menos de certa forma, "eventos únicos"; por esta razão a sua prática implica o que Schon define "dilema entre rigor e relevância"; por esta mesma razão ele é chamado a recorrer à "reflexão na ação" e trabalhar de uma forma tão criativa que o próprio Schon fala de "habilidade artística". Na verdade, todas as profissões exigem uma constante reflexão operacional por parte do profissional, que em qualquer caso é chamado aplique seu conhecimento em uma situação específica. Todas as profissões, naquele sentido, podem e devem ser consideradas "reflexivas" – mesmo que em grau e medida diferentes dependendo da especificidade do seu campo de aplicação. O ponto que queremos sublinhar é que, no entanto, o profissional reflexivo é, e continua sendo, aquele que "sabe": ele detém o conhecimento baseando-se no seu próprio profissionalismo, e aplica esse conhecimento à situação específica a que é chamado face. O psicoterapeuta, por outro lado, está antes de tudo interessado no "conhecimento" do outro. Dele o profissionalismo é específico, em alguns aspectos, no aprender com o outro: na escuta atenta das maneiras pelas quais o outro conhece, sabe, atribui sentido e significado a sua própria experiência de vida. O conhecimento do outro é certamente único e irrepetível, assim como as situações enfrentadas por outros profissionais, mas, ao contrário deste último, o conhecimento do outro é inicialmente do outro. A singularidade do outro não é, portanto, comparável à singularidade de um projeto arquitetônico ou à especificidade de um caso jurídico. E isto pela simples razão de que o outro, para o psicoterapeuta, não é um objeto, uma situação problemática, um problema "dado", por mais "único" que seja, mas é antes de tudo um "sujeito" e, como tal, mas apenas como tal, é também, inquestionável e radicalmente, "exclusivo".

Esta certamente não é uma diferença secundária ou insignificante. Em todas as outras profissões há um sujeito de conhecimento (o profissional) que aplica seu próprio conhecimento de uma situação ou problema que apresenta características com toques de singularidade.

Na prática psicoterapêutica há um sujeito do conhecimento que se encontra com outro sujeito de conhecimento. Pode-se dizer que o profissional reflexivo aplica seus próprios conhecimentos às características únicas da situação abordada, enquanto o psicoterapeuta deve primeiro tudo para admitir a própria ignorância, para encontrar o outro como sujeito do "saber".

Para todos os outros profissionais, a singularidade é um problema a ser abordado de uma forma criativa ou, no máximo, "artística".

Para o psicoterapeuta, ao contrário, a singularidade do outro é o que um para o qual ele dirige seu interesse e atenção é o principal recurso da jornada que realiza com o outro. Em última análise, o psicoterapeuta encontra uma pessoa única precisamente em sua singularidade. Num caso, há antes de tudo o conhecimento de profissional, no outro há, antes de tudo, o "saber que não sabe" para estar atento para o outro.

Essas reflexões sobre a diferença entre Psicoterapia e outras práticas profissionais definível como "reflexivo" confirmam a especificidade do encontro psicoterapêutico, que nos leva a compreender a Psicoterapia como uma prática de "segunda ordem".

Capítulo 2

Cuidando do que estamos participando... tecendo

Marco Bianciardi

Lidando com o que não tem realidade material

A "certeza" dos resultados, embora sempre relativa, é típica das ciências que insistem em lidar com a estrutura e as características do mundo físico e material. Lá, a Psicoterapia não trata de nada concreto ou material, mas sim daquilo que não existe, do que, literalmente, não é real. É bom lembrar disso. Saliento que a raiz etimológica de "real" é o termo latino "res" ("coisa"): "real" significa, portanto, literalmente, "o quê". E a Psicoterapia não lida nem com coisas nem com objetos, e nem mesmo com corpos. Na Psicoterapia estamos bastante preocupados com as maneiras pelas quais o sujeito vive sua própria experiência. E as formas de viver experiências subjetivas e de enquadrar e atribuir significado aos fatos da vida não são nada concretos e materiais, como a experiência de relacionamento consigo mesmo, com o outro, com o próprio corpo, com o meio ambiente e com o mundo, não pode ser considerado diretamente observável. A Psicoterapia lida com as maneiras pelas quais os fatos da vida acontecem vivenciados emocionalmente e narrado para si e para os outros; lida com o que só a palavra pode criar do nada, graças ao poder "mágico" de evocar o que não existe, de criar a realidade, você deseja e inventa mundos imaginários para redefinir a natureza dos relacionamentos, para recontar incessantemente o passado e inventar incansavelmente o futuro. Os significados, as emoções, as experiências, as histórias, as esperanças, os medos e os sonhos são criados e inventados subjetivamente ao longo das experiências de vida e nas interações entre pessoas. O psicoterapeuta apenas lida com relacionamentos: sempre. Não só isso: para sermos mais precisos, devemos reconhecer uma pluralidade de níveis lógicos, distintos e ainda entrelaçados. A Psicoterapia lida, antes de tudo, com significados que o sujeito atribui a si mesmo, aos outros, às coisas, aos corpos, às relações, aos fatos, mas, num nível diferente, trata também, e sobretudo, de modalidades segundo a qual os significados são construídos e elaborados pelo sujeito nas relações em que participar.

A "realidade psíquica" não existe, mas sim ex-siste

Para compreender, aceitar e assumir consistentemente a evidência de que a Psicoterapia não trata de nada material, ainda é útil começar de novo humildemente dos conceitos de "diferença "e "distinção", conceitos que eles representavam marcos autênticos na reflexão epistemológica contemporânea (Bateson, Spencer Marrom). É claro que uma diferença entre dois objetos não é em si um objeto. A diferença entre dois aspectos da matéria não é nada material. Não tem diferença qualquer realidade material, não é concreta, não é uma "coisa". E é realmente impossível colocá-lo no espaço e no tempo. Em vez disso, pode-se dizer que uma diferença é "percebida" por um observador, que o "captura" com base em seus próprios órgãos perceptivos e nos deles. A "diferença" é, portanto, uma relação. Não só isso: a diferença é, e estabelece, uma relação triádica. Cada diferença única e específica, na verdade, é uma relação entre A e B (sejam estes dois objetos, dois aspectos ou qualidades da matéria, o mesmo objeto em dois momentos subsequentes...) em que é percebido por um observador (O). Uma diferença é criada quando um observador entra em uma relação com a relação entre dois aspectos da realidade.

Neste sentido, uma diferença é sempre uma relação de segunda ordem ou relação com um relacionamento. Para dizer a verdade, as relações entre aspectos da realidade (por exemplo, a relação entre A e B observado por O) não existem exceto em um sentido potencial até que O os "agarre" (o próprio termo sublinha o quanto o observador, longe de registrar passivamente, considera-se mais ativo do que nunca no relacionamento com o mundo em que vive). Para todos, isso deixa claro que a diferença não existe como matéria ou realidade concreta, mas sim existe para um observador: existe nos olhos de um organismo que o distingue e percebe consistentemente com as características de seus órgãos sensoriais e seu Sistema Nervoso Central – mas também das suas expectativas, dos seus hábitos, das suas emoções, da sua cultura, do contexto em que vive.

Se refletirmos a respeito do significado etimológico do termo "existir" e distingui-lo pelo seu significado mais comum e óbvio, podemos dizer que a diferença ex-siste em sentido literal do termo: precisamente porque não tem existência material, a diferença emerge de, surge de: as diferenças existem para um organismo vivo dentro dos relacionamentos vitais dos quais ele participa.

Tudo o que o psicoterapeuta trata pertence ao mundo da diferença, é criado pela vida e co-vivência dos humanos como organismos dotados de possibilidade de fazer distinções e compreender diferenças. O potencial para compreender as diferenças, na verdade, representa o primeiro passo, a condição necessária, o marco, por assim dizer, tanto o que definimos como "informação" quanto qualquer atividade inteligente ou "mental" que podemos entendê-lo como processamento de informações. Na verdade, informação é "notícia" de uma diferença; e é para um organismo que percebe, que dá forma/IN-FORMA à coisa real QUE O rodeia, pois capta e detecta diferenças. Na definição de Gregory Bateson – elegante, aberta, dialética e articulada – a informação é "uma diferença que cria uma diferença" e, nesse sentido, pode ser entendida como uma diferença de segunda ordem.

Tudo o que não existe como matéria ex-existente existe como criação e invenção partindo do potencial para distinguir, captar ou criar diferenças: emerge, portanto, pela atividade daqueles organismos maravilhosos e hipercomplexos chamados animais. Quanto tempo diz respeito ao homem – sujeito daquele dom incrível e mágico que é a palavra, mas também "sub-iectum "ou submetido à linguagem – a "realidade psíquica" é inventada, definida e constantemente redefinidas pela convivência, imersas em um universo de linguagem. E é um universo linguístico que, por um lado, precede o indivíduo e enquadra toda a experiência, mas que, por outro lado, só se dá a partir do ser em relação aos outros humanos que o criam e o mantêm vivo e em constante evolução.

A "realidade psíquica" não persiste fora do relacionamento

Podemos agora especificar que a diferença, não tendo qualquer concretude material, existe para o observador apenas quando é percebida, pensada, lembrada. Em outros termos: a diferença não existe independentemente do observador que a vê e distingue.

Quando o organismo biológico morre, todas as diferenças que ele tem morrem com ele constantemente criado e recriado: que ele manteve vivo, pode-se dizer. O que ele vê, ouve e pensa, seus sonhos e desejos, seus significados e ideias, suas esperanças e seus medos desaparecem com sua morte. Tudo isso pode sobreviver, é claro, mas sobrevive para outro organismo vivo, que tornará seu do seu próprio ponto de vista: o que for se manterá vivo por si mesmo.

O que quero ressaltar é que aquilo com que lidamos como psicoterapeutas está em constante devir, é constantemente inventado e reinventado, confirmado ou modificado parcialmente. Nosso "objeto" de conhecimento não tem e não pode ter qualquer persistência autônoma e independente da atividade subjetiva e intersubjetiva que o cria e o mantém vivo. Não pode, portanto, ter uma existência determinada de uma vez por todas ou, em qualquer caso, independente da incessante criação e desconstrução de significados e histórias que são dadas nas práticas da linguagem entre os humanos.

Essa consciência é contraintuitiva. Muitos dos que concordam com o fato de que a Psicoterapia tenta cuidar das "modalidades" subjetivas de atribuir estão convencidos de que existem antes da relação terapêutica e independentemente da reunião. Todos nós, como sujeitos, experimentamos tanto os nossos próprios como a "personalidade "de outra pessoa como um "algo" substancialmente estável ao longo do tempo.

Como psicoterapeutas, estamos convencidos de que o outro que encontramos apresenta as suas próprias formas de dar sentido à experiência muito antes de nos dirigirmos e, claro, independentemente de nós. Esta crença tem razões bem fundamentadas: baseia-se em fatos que as formas de atribuir significado à nossa experiência são estáveis; é concebível que a necessidade de experimentar uma realidade fixa e previsível seja uma necessidade adaptativa de extrema importância para a sobrevivência. Esta estabilidade é caracterizada profundamente diferente da estabilidade da própria matéria: não se trata de uma estabilidade "dada", independente da atividade e das práticas perceptivas do organismo linguística entre os homens, mas trata-se antes de uma estabilidade criada e recriada, proposta e reiterada, confirmada e reconfirmada sem pausa.

O sujeito, guiado pela necessidade de estabilidade e continuidade de sua própria experiência, propõe, ou se expõe, a cada novo encontro, com modalidades aprendidas que vêm mantidas substancialmente estáveis e tendem a buscar confirmação de cada nova experiência relacional. São aquelas modalidades que, na nossa língua e dentro da nossa cultura, definiremos, por exemplo, "tímido" ou "agressivo", "esquizofrênico" ou "histérico".

Isto não altera o fato de ainda ser uma proposta, mesmo que seja a proposta de um modo paranoico. Por exemplo, pode ser, sabemos bem, extremamente vinculativo. Em todo o caso, o fato de a proposta também se confirmar nesse novo contexto de relacionamento dependerá da evolução do próprio relacionamento. Se, portanto, o sujeito confirmar e mantiver, mesmo nesse novo relacionamento, uma forma "tímida" de se apresentar, ou "esquizofrênica", esta modalidade deve ser considerada, a rigor, como uma propriedade emergente do encontro – e não como característica de um único indivíduo. Isto também se aplica, claro, quando o sujeito não está concretamente relacionado aos outros, mesmo quando o sujeito está relacionado apenas a si mesmo. Podemos sentirmo-nos "tristes" ou "deprimidos" ou "delirante", em perfeita solidão. Mas também a forma de viver a relação conosco foi aprendida, sem dúvida, nas relações em que participamos, e é presumível que, ao estarmos sozinhos, não esperemos nada mais do que poder propor novamente alguma forma para que o relacionamento os confirme (mantenha-os firmes no relacionamento com o outro).

Eles são mantidos constantemente estáveis no relacionamento reflexivo conosco, que é recursivamente conectado aos relacionamentos significativos dos quais participamos.

A estabilidade das nossas formas de atribuir significado à experiência, portanto, não tem a ver com a estabilidade de objetos, coisas e até corpos. É sobre uma estabilidade incansavelmente confirmada e reconfirmada subjetivamente, constantemente negociados e renegociados dentro dos relacionamentos.

A "realidade psíquica "é criada e recriada aqui e agora

A Psicoterapia lida, portanto, com o que não existe e não persiste, mas vem constantemente sendo criado e recriado dentro de relações significativas para o sujeito.

O encontro psicoterapêutico é, justamente, uma relação altamente significativa para os sujeitos envolvidos. Quando o psicoterapeuta inicia um relacionamento com o outro estabelece uma relação caracterizada por elevado envolvimento emocional e enormes expectativas que, muitas vezes, terão de ser reduzidas ou, em qualquer caso, redefinidas.

Isso significa que o psicoterapeuta participa de um encontro entre pessoas em que todos são levados a fazer, desfazer e refazer os seus próprios significados e os dos outros e as narrativas que emergem.

Se, como psicoterapeutas, queremos conhecer o outro na sua subjetividade – nas maneiras subjetivas de narrar a própria experiência para si mesmo – devemos nos envolver ativamente no relacionamento e participar desse processo contínuo de redefinição de significados e histórias. O que o psicoterapeuta tenta saber não pode não mudar diante de seus olhos. No entanto, o psicoterapeuta participa ativamente ao seu fazer e desfazer no relacionamento contínuo. "Esta é a maldição de todas as tentativas de entender o social... que o que tentamos entender já está tão conectado a nossas mentes, que nós mesmos mudamos as coisas à medida que tentamos entendê-las" (Warren McCulloch, 1965, pp. 282-283), situação descrita de forma muito eficaz por L. Carrol em Alice no País das Maravilhas (1865).

Mas neste ponto é necessário ser mais preciso. Para o psicoterapeuta, não se trata simplesmente modificar ou influenciar inevitavelmente algo que já existe antes que ele se aproxime para conhecê-lo. Muito mais radicalmente, o psicoterapeuta tem a tarefa de conhecer algo que ele mesmo está ajudando a criar e definir em suas características emergentes: algo que não existiu antes e independentemente de sua entrada e relacionamento um com o outro. O que ele busca saber é sobre o relacionamento. As maneiras pelas quais todos atribuem significado às suas próprias experiências, na verdade, são propostas na reunião, mas ninguém pode saber com antecedência se serão confirmadas ou como irão se desfazer e se reorganizar após o relacionamento. O fato de que formas de enquadrar a experiência tendem a ser autovalidadas não podem e não devem nos fazem esquecer que há um constante e incansável progresso e, portanto, são também e, sobretudo, durante o encontro psicoterapêutico: o psicoterapeuta pode, portanto, conhecer as formas subjetivas pelas quais cada pessoa dá sentido às suas próprias experiências apenas na medida em que são definidas no encontro. O psicoterapeuta tenta conhecer, portanto, mas não existe antes de conhecer o outro: as características do encontro de fato existem, ocorrem dentro da história, não há previsão de como as modalidades experienciais, cognitivas e emocionais se encontram naquele momento proposto por todos os participantes.

No entanto, quase sempre caímos na ingenuidade de acreditar que é possível conhecimento "objetivo" do que ainda está por vir.

A imprevisível previsibilidade da realidade psíquica

A "estabilidade" dos comportamentos do sujeito é baseada em processos de aprendizagem, que pode ser entendida como aprendizagem de segunda ordem, como formação de hábitos e expectativas etc. Trata-se de uma estabilidade criada e elaborada no momento, que é, em qualquer caso, confirmada e negociada no âmbito das relações. É preciso lidar com a estabilidade, a coerência, a previsibilidade que não são "dadas", mas que foram "construídas" e que são "repropostas" no âmbito da relação em curso. É uma forma livre e autônoma de se apresentar aos outros. E é precisamente a liberdade deste "colocar" o que procuramos para confirmar a natureza da relação com o outro.

Cada vez que uma criança obedece aos pais, ela "decide" – quer saiba disso ou não – obedecer: ela decide naquela circunstância precisa, com aquela pessoa específica, respeitar a ordem específica. Poderíamos também acrescentar que o pai ou a própria criança podem entender como um "convite amoroso" ou mesmo como uma "pergunta", o que agora estamos definindo uma "ordem". Isto destaca o potencial infinito para definir e redefinir o significado das respostas, em si constitucionalmente imprevisíveis, de nós mesmos e do outro.

Todos nós geralmente ficamos felizes porque o outro se comporta como esperamos, mas estamos precisamente porque, na realidade, o comportamento "esperado" é sempre uma "surpresa": por exemplo, poderia, pelo menos em teoria, ser completamente diferente. A "previsibilidade" dos outros e a nossa é, por natureza, "imprevisível", e está a ser renegociada, embora completamente implícita, a cada nova ocasião. Somos imprevisivelmente previsíveis. É inevitável que seja assim e é bom que seja assim. Caso contrário, a nossa vida seria reduzida a uma espécie de "natureza morta". Mesmo na vida cotidiana, portanto, o que surgirá nos relacionamentos significativos é "misterioso", não é cognoscível de uma forma "objetiva", ainda sendo uma surpresa mesmo quando nada inesperado acontece. E isso, simplesmente, porque o que emerge nos relacionamentos é constantemente criado e recriado pelas e nas interações, e emerge, embora sempre imprevisível, aqui e agora: no exato momento em que estamos vivendo.

Considere que todos nós também queremos que as "coisas" sejam e se comportem como são completamente previsíveis: quando entramos no carro para voltar para casa à noite, queremos que o motor dê partida exatamente como de manhã e, uma vez assim que chegarmos, queremos que a nossa casa nos receba exatamente como a deixamos, o que a máquina de lavar completou o seu ciclo da forma mais previsível, que a luz acenda com exatamente o mesmo "clique" que já ouvimos milhares de vezes. Em suma, esperamos que o mundo material que nos rodeia e do qual nos rodeamos seja previsível.

Mas quem ficaria feliz se, ao voltar para casa à noite, encontrasse um parceiro, um dos pais ou um filho que lhe dissesse exatamente a mesma frase da noite anterior, no mesmo tom de voz, assumindo a mesma postura... enfim, que ele se comportasse como um robô? Todos nós queremos que a natureza do relacionamento aconteça substancialmente todas as noites, mas certamente não de forma totalmente previsível, como aconteceria no caso de um robô ou de uma "coisa". Pelo contrário, para que o comportamento do outro possa ser vivenciado como uma "confirmação" – uma confirmação de como o outro entende o relacionamento com o nós – é necessário que não seja totalmente previsível, que seja percebido como uma mensagem vinda de um sujeito autônomo, que, pelo menos em teoria, seria livre propor uma mensagem completamente inesperada e imprevisível.

Complexidade dos seres vivos e simplificação cognitiva

Uma observação final é que os fenômenos com os quais a prática psicoterapêutica lida devem ser reconhecidos como "complexos", precisamente porque eles ainda não existem, mas emergem de práticas coletivas. Se, de fato, entendermos o termo "complexo" no sentido específico (*complexus* = "tecido com", "entrelaçado com"), parece inteiramente legítimo entender este termo de uma forma processual e relacional, em vez de uma forma estática: não tão "aquilo que foi tecido junto com outra coisa", mas sim como "o que estou tecendo junto para outra pessoa ou um com o outro". Se usarmos a imagem do tecido que surge da tecelagem da urdidura e da trama, não devemos pensar num tecido pronto, que alguém ou eu mesmo já tenha tecido e agora pode ser observado de fora como um objeto com suas características já definidas; devemos pensar, antes, em um tecido que tecemos neste momento junto com o outro, fazendo suposições a respeito do enredo que derivam de nossas premissas. O "com" do termo *complexus* indicaria isso, caso uma ação compartilhada, uma tecelagem em que mais pessoas participam.

As formas de dar sentido à experiência, de atribuir sentido ao encontro com o outro para narrar os acontecimentos e fatos da vida estão incessantemente entrelaçados com os outros dentro das relações em que participamos. A "complexidade" de método, segundo o qual cada sujeito vive, interpreta e narra sua própria experiência, reside precisamente nisto: são modalidades que se fazem, desfazem e refazem sem parar no aqui e agora, nos relacionamentos e, portanto, com outras pessoas significativas.

Não podemos, portanto, imaginar que a Psicoterapia lide com um "algo" que a princípio foi coentrelaçado, depois disso será possível estudá-lo de fora, ou seja observar suas características como se agora fossem propriedades definidas que se tornaram estáveis e, acima de tudo, tornaram-se independentes de nós. Pelo contrário: também as formas como lemos o próprio relatório enquanto participamos de sua elaboração constantemente tecidas e re-tecidas umas com as outras dentro do relacionamento. E claro, não alguma vez paramos de "ler" e atribuir significado ao relacionamento em que estamos noivando. Em outras palavras, participar de um relacionamento significativo não permite nunca "sair do jogo "e observá-lo de fora. Também é verdade que o psicoterapeuta deve até mesmo observar o relacionamento contínuo como se o estivesse observando de fora, mas ele ainda precisa sabendo que isso é, em última análise, logicamente impossível. Ele deve saber que só pode fazer isso como se, precisamente, e neste sentido, ele devesse "saber que não pode saber".

A complexidade do que estamos tentando entender e abordar dentro do relacionamento é irredutível: no entanto, não pode ser eliminada, pois nós próprios fazemos parte dela, e estamos de uma forma que não pode, nem mesmo temporariamente, ser colocada entre "PARÊNTESES".

Capítulo 3

Sabendo que você não sabe

Marco Bianciardi

"Só agora estamos começando a saber que não sabemos – e isso é alguma coisa."
(Elogio da ignorância, W. R. Bion, p. 147.)

Elogio da ignorância

Afirmar que a "realidade psíquica" continua a ser um "mistério" não deve fazer pensar algo "obscuro ", "impenetrável", "ameaçador". Pelo contrário, é um "mistério" enquanto ainda é uma "surpresa" – se soubermos como compreendê-la. Quando eu encontro um outro, a chamada realidade psíquica está acontecendo agora, está se formando e se definindo agora e isso acontece dentro da relação em que me envolvo com o outro. A "realidade psíquica", como vimos, é uma surpresa pela simples razão de que ainda não existe: estamos participando de tecê-la e tecendo-a uns com os outros, estamos complexificando-a juntos, realmente agora.

Esta surpresa pode revelar algo milagroso: não é, de certo modo, "milagroso" que a forma de compreender os fatos da vida, em vez de se adaptar completamente às necessidades de continuidade que normalmente o regem, também pode mudar radicalmente? E isso pode acontecer sem que nada de concreto mude ou modifique? Para que o mistério se torne uma "surpresa" relacionado a algo milagroso, é bom que o psicoterapeuta a cultive, com paciência e paixão, sua própria consciência de não saber. É por isso que devemos aprender a apreciar a nossa ignorância e reconhecê-la.

E é por isso que eu gostaria de oferecer alguns elogios reais aqui referentes à ignorância. É claro que isso não é um elogio *tout court* à ignorância. Como veremos, na verdade, saber que não sabe deve vir acompanhado de uma curiosidade que nutre e renova constantemente a sede de conhecimento. A ignorância de que falamos é fonte de espanto e maravilha. É da ignorância que nasce a curiosidade da criança a ter uma experiência completamente nova; é a ignorância que deveria despertar em todos nós a vontade de descobrir o mundo, ao irmos a um lugar onde nunca estivemos; é a ignorância que dá um interesse atento e participativo ao antropólogo que entra em contato com uma cultura ainda desconhecida.

Por outro lado, se não pudéssemos nos reconhecer como ignorantes diante dos outros e de nós mesmos, não entenderíamos talvez o ser humano como uma espécie de "máquina banal".

O interesse pela riqueza incomensurável da experiência subjetiva

Um primeiro dom de conhecer-se e reconhecer-se ignorante diante dos outros é saber como ser capaz de manter um interesse vivo e autêntico pelo extraordinário, maravilhoso, incrível, com riqueza de histórias de vida e experiências subjetivas.

A experiência subjetiva de cada um de nós acaba sendo – se soubermos ouvir e sermos curiosos e interessados – uma história de riqueza e complexidade imensurável. Pense na multiplicidade de sensações e emoções vivenciadas em cada momento da existência, na sucessão e no entrelaçamento significativo de encontros e relações ao longo dos anos, nos momentos decisivos da vida, nas escolhas existenciais, nos acontecimentos fortuitos... Pense também no fato de que essa experiência tão rica é vivida, desde o início, como história: trata-se de uma história dirigida a nós mesmos que, apesar de obedecer às regras e leis sintáticas que nos precede, percebemos e sentimos como completamente "nossa", íntima, secreta e, portanto, em última análise, não inteiramente comunicável. Finalmente, pense no fato de que esta narrativa inesgotável traduz e, portanto, inevitavelmente trai o imediatismo de viver, introduzindo inúmeras possibilidades de atribuir significado às próprias experiências, dando sentido à própria vida e ao seu caminho.

Tudo isso significa que a experiência de vida de cada mulher e de cada homem é e deve ser reconhecida como uma aventura existencial de riqueza incalculável, como uma questão que certamente não pode ser reduzida a uma única forma de compreensão ou a um único plano significado. Qualquer que seja a leitura, a compreensão e a interpretação que atribuímos à experiência subjetiva só podem ser extremamente redutoras e parciais, pois cada história esconde em si outros níveis de leitura possíveis. As dobras de segredos da vida de cada um de nós escondem episódios e encontros que, por mais subjetivamente significativos que sejam, permanecem, por assim dizer, em segundo plano, assim dizendo da história que dirigimos explicitamente a nós mesmos e aos outros. Não somente sabemos que outro olhar, outra dimensão e uma forma de pensar é sempre possível observando os fatos da vida que mudam seus significados emocionais.

Se reconhecermos a imensurabilidade da experiência de cada um de nós, devemos aceitar que qualquer explicação, por mais "elegante" que nos pareça satisfatória, ainda será parcial, redutora, simplificada. Serão bem-vindas simplificações que permitam aliviar um problema-oferta. Em Psicoterapia, explicações redutoras e simplificadoras são possíveis – na verdade, são necessárias, uma vez que na realidade, só podemos dar explicações parciais.

O psicoterapeuta, portanto, constrói hipóteses que só podem ser redutivas e simplificadas, por mais sofisticadas que sejam e respeitosas quanto possível com a complexidade das redes relacionais envolvidas e dos possíveis níveis de significação. Mas essas hipóteses, onde foram úteis e eficazes, estão longe de fornecer explicações «exaustivas» e «definitivas», sendo reconhecidas como temporárias e locais. O resultado "positivo", na verdade, não demonstra que a hipótese estava "certa", mas sim que se revelou "útil" naquela situação específica e naquele momento preciso do processo, ou seja, de um ponto de vista local, provisório, contingente. A hipótese não pode ser considerada "correta" no sentido operacional para poder ser aplicada, tal como está, a situações que surjam características «semelhantes» ou comparáveis. Na verdade, a previsibilidade e a repetibilidade não são nem sequer possíveis dentro do mesmo processo terapêutico e com a mesma pessoa.

A intervenção que anteriormente revelou-se útil, num momento posterior do tratamento, pode revelar-se completamente irrelevante e, aliás, neste caso, insistir nisso pode ser prejudicial. Por esta razão, mais do que "conhecimento "de qualquer tipo, para o psicoterapeuta é importante ter consciência da parcialidade e do caráter provisório das hipóteses de alguém. Entretanto, o que queremos sublinhar aqui é que esta consciência nos permite nunca perder o interesse humano e a curiosidade participativa pelas junções existenciais da vida dos outros, pelas nuances secretas das experiências emocionais, pelas inúmeras dimensões interpretativas possíveis das experiências subjetivas. Diante do mistério da vida, da riqueza da nossa experiência subjetiva e de quem se dirige a nós à infinita complexidade dos entrelaçamentos dos quais emerge o "sentir-se bem" e "sentindo-nos mal", somos e continuaremos profundamente ignorantes. É bom que seja esse o caso. E é um presente que seja assim.

Respeito pela autonomia irredutível dos outros

Acabamos de sublinhar que o psicoterapeuta nunca pode prever o resultado do processo, pois ele trata sempre de situações diferentes. A impossibilidade de prever depende também, e sobretudo, de uma razão mais precisa: a irredutibilidade da autonomia subjetiva do outro.

Sabemos bem que quando um psicoterapeuta encontra clientes pela primeira vez, via telefone, não sabe nada sobre eles. Ele não conhece os acontecimentos de suas vidas, não conhece suas experiências, emoções e dificuldades. Se ele soubesse de alguma coisa, isto é, se ele os conhecesse anteriormente, não poderia consultá-los, por ser uma regra da Psicoterapia não tratar conhecidos. Mas a ignorância do psicoterapeuta não é relativa apenas a informações ou notícias das quais não pode, em caso algum, ter conhecimento. Existe outro nível de "não saber" que o psicoterapeuta deve reconhecer como irredutível e ineliminável. Isso diz respeito às formas de como o outro vive e atribui sentido à relação terapêutica no aqui e agora – e, portanto, também à memória e ao significado dos acontecimentos de sua história –, bem como como eles emergem e evoluem dentro da própria relação terapêutica. Tal métodos devem ser considerados autônomos.

"Autonomia" significa liberdade para fazer as próprias leis. A prática psicoterapêutica dirige-se, precisamente, ao outro, já que cada um é sujeito livre e autônomo, além de também lidar com o que deve ser reconhecido como incognoscível.

O modo como o outro se conhece o orienta, do seu ponto de vista, a conhecê-lo. Mais precisamente, ele está dirigindo quando tenho o compromisso de conhecê-lo. O encontro é um processo mútuo e que está em constante evolução, cuja propriedades emergentes enquadram as formas de conhecer uma e outra. Esses últimos, portanto, evoluem dentro e com o quadro relacional em que eles próprios participam definir e redefinir ao longo do tempo. Isto significa que não é apenas verdade que não podemos conhecer as modalidades experienciais do outro pelo simples fato de que são os modos do outro vivenciados do seu ponto de vista, mas também é verdade que não podemos conhecê-los porque são constantemente enquadrados em um nível superior que se mostra orgulhoso. Nem eu e nem o outro sabemos, entretanto, nós médicos devemos estar cientes disso, embora nossos clientes não precisem de qualquer consciência das operações epistemológicas que realizam. Ninguém pode prever como todos responderão à evolução da reunião, porque as formas de conhecer são vivas, ou seja, evoluem constantemente dentro da própria relação.

Afirme saber "como" de todos os lados

O reconhecimento da singularidade da experiência do outro é um aspecto diferente e adicional da impossibilidade estrutural de "conhecer" o psicoterapeuta, e isso dá-se pelo fato de o outro como "sujeito" ser único.

O psicoterapeuta cuida do outro, respeitando sua singularidade, ou seja, sua experiência subjetiva, segundo a qual cada um de nós "sabe" e "sente" que somos uma pessoa única e irrepetível. Embora todo tipo de "conhecimento" de que o homem é capaz se baseie em processos lógicos de generalização e classificação, a Psicoterapia está comprometida com a direção oposta: tentar entrar em relação com a singularidade que faz de cada pessoa sujeito de uma experiência irrepetível. Enquanto todos os outros conhecimentos colocam os aspectos entre colchetes peculiar, não generalizável, a Psicoterapia deixa os aspectos comuns em segundo plano e comparável, a fim de encontrar as peculiaridades irrepetíveis dos eventos humanos e subjetivos de cada um.

Existe a mesma diferença entre Medicina e Psicoterapia, cuja definição não pode ser superada, podendo existir entre a fisionomia e o reconhecimento de um rosto querido. Isto implica na riqueza de conhecimento com a qual o psicoterapeuta chega ao conhecer o outro, sendo útil na relação terapêutica se vier sendo mantido entre colchetes, não sendo absoluto nem colocado em primeiro plano. Nesse caso, seria prejudicial, pois o psicoterapeuta buscará a confirmação de seu próprio conhecimento, reconhecendo assim, erroneamente, a singularidade da pessoa do outro, que não pode certamente ser contemplada pelas teorias universalistas que ele conhece, e nem mesmo pelas suas próprias experiências clínicas anteriores. O que o psicoterapeuta pode e deve "saber" refere-se a "quadros psicopatológicos"; o que ele não pode saber é a experiência subjetiva do outro.

Um psicoterapeuta, por exemplo, pode e deve conhecer as hipóteses teóricas e clínicas relacionadas ao "transtorno alimentar", mas ele não pode saber nada sobre a pessoa que apresenta tal distúrbio. Ou, ainda, o que o psicólogo/psiquiatra pode "saber" está relacionado com a "psicose", e não certamente ao sujeito que se define ou que se define como "psicótico".

Se, por exemplo, encontrarmos uma família com um membro declarado "esquizofrênico", ou uma pessoa que reclama de estar "deprimida", pelo que estudamos e aprendemos sobre "esquizofrenia" e "depressão", ainda não sabemos nada sobre eles como pessoas, de suas vidas e recursos, suas histórias, os significados subjetivos que atribuem à própria experiência de "esquizofrenia" ou "depressão".

Tudo isso implica que a epistemologia e a teoria da clínica do terapeuta, bem como as técnicas e ferramentas que ele utiliza devem, no entanto, ser entendidas como subordinadas para o relacionamento e, portanto, tão menos importantes e significativas que o encontro humano que a demanda pela Psicoterapia inaugura. Claro que também é verdade que, numa tentativa de compreender e formular hipóteses relacionadas à nossa experiência de relacionamento com os outros, não podemos deixar de confiar na nossa experiência pessoal e profissional, bem como em nosso conhecimento teórico. Nunca devemos abandonar a consciência de fato de que se trata de hipóteses parciais, redutivas e, sobretudo, autorreferidas. O outro é um sujeito autônomo. Sua história humana é única. Claro que é bom que seja esse o caso, pois ainda pode nos surpreender.

Saber que você não sabe é um presente de relacionamento

Uma vez reconhecido que o lugar da autonomia do outro é, por definição, incognoscível, que a subjetividade não pode tornar-se "objeto" de conhecimento, que a singularidade experiencial de cada um não pode ser atribuída a categorias ou generalizações, não nos é difícil afirmar, pelo menos em palavras como "Eu sei, não sei".

Na realidade, a nossa necessidade de segurança e previsibilidade, o desejo de dominar a experiência, e, claro, a intenção de ajudar o outro, faz-nos ter muito em breve, e sem que percebamos, a ilusão de "saber". Ao sentir vontade, encontre uma conexão interessante e útil, especialmente se ela se encaixa bem com o conhecimento teórico e as experiências anteriores, pois é praticamente inevitável que dentro de nós pensemos mais ou menos triunfantes: "aí, eu entendo!". E quando parece que somos capazes de construir uma hipótese explicativa elegante e convincente, que satisfaça nossas necessidades e o desejo de dominar a difícil experiência de conhecer outras pessoas, vemo-nos com a dificuldade, depois, de nos abstermos de considerá-la a explicação "correta". "Saber que você não sabe" é, portanto, uma consciência sem fim: não podemos nos iludir pensando no que conseguimos de uma vez por todas. Pelo contrário, trata-se de uma atitude interior a ser redescoberta e renovada a cada encontro, diante de cada pessoa nova e de cada ponto de viragem da reunião. É uma conquista, mas também é uma dádiva: porque esta consciência emerge do encontro e do relacionamento. O outro está precisamente aí para nos lembrar de nossa ignorância cada vez que surge outra leitura, um novo nível de significado e, também, quando o cliente reclama de recaída e piora, obrigando-nos a formular novas hipóteses para ler o que está acontecendo no relacionamento.

"Saber que você não sabe" é, portanto, um dom de relacionamento, além de ser um presente, porque cada vez que o relacionamento nos lembra da nossa ignorância, ele nos lembra de que qualquer história da vida reduz a sua riqueza e complexidade irredutível. Qualquer maneira de compreender, ler e relatar experiências de vida exclui uma centena de outras possibilidades.

E não é só isso: acolher a ignorância como uma dádiva significa ser capaz de manter viva a curiosidade atenta e participativa, pois nunca esgota o interesse pelos assuntos humanos dos outros. Nunca se esqueça de que a experiência de vida da outra pessoa sempre tem algo a ver com isso nos ensine, se apenas quisermos entendê-lo.

Quando nos tornamos conscientes da nossa ignorância, devemos ficar felizes com isso.

Porque esta consciência estimula a curiosidade, alimenta a sede de conhecimento, implica a respeito e atenção participativa e acaba por ser, na realidade, uma descoberta, um novo horizonte, uma luz que ilumina caminhos inexplorados: "agora vejo que não vi: agora sei que não sabia não saber".

Vivendo o nó entre a sede de conhecimento e o elogio à ignorância

O elogio da ignorância só pode ser acompanhado por uma sede inesgotável de saber "Vocês não foram feitos para viver como brutos, mas para seguir a virtude e o conhecimento".

Antes de tudo, consideremos o que cada um de nós não pode deixar de saber: viver é saber. Não podemos deixar de formular hipóteses a respeito de como o outro receberá as nossas mensagens, pois ele se comportará em resposta a elas, propondo no relacionamento conosco. Não somente quando cuidamos uns dos outros como psicoterapeutas e aceitamos a qualificação e posição de "especialista", é nossa tarefa tentar conhecer e compreender as maneiras pelas quais o outro vive sua experiência subjetiva encontrando-se conosco.

Como sujeitos não podemos deixar de formular hipóteses com relação ao outro e sobre a relação, mas como psicoterapeutas, devemos fazer isso. Nesse sentido, deve o elogio à ignorância sempre acompanhado pela sede de conhecimento.

Há outro aspecto, de grande importância, que diz respeito especificamente à profissão de um psicoterapeuta. Quem nos procura costuma acreditar que o psicoterapeuta "sabe", ou pode saber, mais sobre eles do que eles próprios podem saber deles mesmos. É, portanto, o outro quem imagina e, muitas vezes, exige conhecimento sobre si mesmo, de parte do profissional, que é mais verdadeiro, ou em qualquer caso, mais útil, do que o seu próprio conhecimento relativo para eles mesmos. O pedido, por outro lado, não é totalmente descabido e isso durante por duas razões. A primeira razão é que não devemos esquecer a utilidade de um ponto de vista externo (de como o outro me observa do seu ponto de vista) e do diálogo entre os dois pontos de vista. Se é verdade, de fato, que ninguém se pode colocar no lugar do outro, também é verdade que ninguém pode ver o lugar onde estão os pés, ou seja, é impossível conhecer a si mesmo. O reconhecimento destas duas impossibilidades implica que o psicoterapeuta reconhece e aceita a utilidade do seu próprio ponto de vista externo, de diálogo e comparação com o ponto de vista do outro sobre si mesmo. A segunda razão é que exatamente o que geralmente é definido como "patologia "ou como "sintoma" tende a ter a característica de um evento assustador e parece sombrio e inexplicável. Assim, comparado a essas características parece plausível que quem consulta um psicoterapeuta acredita que o profissional pode "saber" mais do que ele sabe.

Por ambas as razões, o psicoterapeuta deve "saber" tanto quanto possível e cultivar incansavelmente a sede de conhecimento. É absolutamente necessário que o clínico "sabe": que ele sabe tanto quanto possível sobre o que o outro apresenta com "sintoma" ou dificuldade, que nunca perde a curiosidade e o interesse em como os diagnósticos são descritos, classificados, compreendidos e explicados. E, ainda assim, nunca precisa esquecer de que o seu "conhecimento" não pode, por definição, incluir a singularidade do outro.

O profissionalismo do psicoterapeuta é definido como saber habitar uma dialética nunca concluída entre a sede de conhecimento e a consciência da ignorância. Vamos lembrar disso, aumentando o conhecimento, e não reduzindo – pelo menos o torna mais agudo – a consciência da própria ignorância.

Portanto: saber sabendo que você não pode saber e ter sede de saber sabendo que você não sabe.

Capítulo 4

Sabendo que você sabe

Marco Bianciardi

Pelo conceito de segunda ordem "saber que você sabe", devemos significar algo de mais dialético, e mais específico, do que simplesmente estar consciente do fato de ter aprendido e, portanto, conhecido um determinado conteúdo. Ou seja, deveríamos conversar mais precisamente, de um "conhecimento do conhecimento", isto é, do conhecimento relativo aos processos de conhecimento, dos métodos operacionais, segundo os quais, o conhecimento é formado, e estabilizar dentro de nós.

Normalmente, este nível de conhecimento não é necessário, e provavelmente seria complicado. Contudo, o homem é caracterizado como um animal consciente dotado do potencial para refletir sobre si mesmo e sobre sua própria experiência no mundo: o homem reflete ou literalmente volta para si a atividade cognitiva que o afeta de forma específica como um organismo vivo.

Conhecer, portanto, o homem, implica e acarreta a possibilidade de conhecer o saber. O conhecimento humano é caracterizado pela possibilidade e, portanto, pela inevitabilidade de um conhecimento do conhecimento ou conhecimento sobre o conhecimento.

Diagnóstico: conhecer através

Para o psicoterapeuta, "saber que você sabe" é, antes de tudo, re-refletir sobre as modalidades, formando nele um conhecimento do outro e da relação em que nele existe envolver. Se nos concentrarmos no termo diagnóstico (*gnosis* = saber, dia = através), o saber sobre saber do que estamos falando nada mais é do que estar atento ao que acontece e em todo conhecimento que implica. Trata-se, portanto, de ter consciência de que o conhecimento sempre acontece.

Os processos cognitivos só podem ocorrer a partir de expectativas emocionais e preconceitos implícitos, graças a premissas lógicas e teorias de referência, por meio de ferramentas linguística e conceitual. O psicoterapeuta tem o dever preciso de parar e refletir sobre as propriedades e características de tudo o que ele conhece.

Consideremos dois conceitos clássicos da história da Psicoterapia: o conceito de "inconsciente" e o conceito de "sistema". O futuro psicoterapeuta terá que conhecer os conceitos, mas, num outro nível, ele terá também, e acima de tudo, de "saber" que estes são conceitos. Ele terá que aprender, e, portanto, conhecer, tanto a definição teórica dos conceitos quanto o contexto epistemológico e cultural em que nasceram, tanto a história das ideias, das disputas, as aplicações clínicas que delas surgiram e, finalmente, o seu lugar no contexto mais amplo da arquitetura conceitual que eles suportam e que os enquadra. Além de saber tudo isso, o futuro psicoterapeuta deve também, e acima de tudo, saber que o "inconsciente" e o "sistema" são termos que não designam aspectos da realidade, mas sim conceitos heurísticos: ele nunca deve esquecer que o "inconsciente" e o "sistema" nada mais são do que princípios conceituais, explicativos, métodos interpretativos e, portanto, que pertencem – a bom direito – para a mente e operação, mas eles não são propriedade do outro ou do relacionamento. Os conceitos teóricos são ferramentas operacionais de quem sabe, não propriedades ou características do que é conhecido.

Em outras palavras: o futuro psicoterapeuta terá que aprender a não se confundir com o outro, não sobrepor as próprias ferramentas cognitivas às características (incognoscíveis em mim) do outro. O conceito de "inconsciente" e o conceito de "sistema" são úteis e necessários. Eles não descrevem o outro, mas explicam a nossa abordagem ao outro e a nossa forma de decodificar e descrever nossa experiência de conhecê-lo.

Este "saber que você sabe" necessariamente traz consigo o "saber que você não sabe "dos quais elogiamos. Na verdade, estou ciente do fato de que o meu conhecimento é histórico e contextual, é local e provisório, é hipotético e relativo e, acima de tudo, é contaminado e autorreferido, então também "sei" que se funda na ignorância. Não é só isso: saber que o conhecimento de alguém é autorreferido e é inevitavelmente ligado às próprias modalidades cognitivas, permite manter um respeito autêntico pelo outro como "outro", como sujeito autônomo, por sua vez, e como tal incognoscível. Se, de fato, eu sei que os meus princípios explicativos descrevem a minha própria abordagem da relação com o outro – e, portanto, em última análise, falam de mim – então não pretendo explicar o outro, ou seja, reconheço o outro em sua própria modalidade subjetiva para descrever o relacionamento, sempre permanecendo um mistério literalmente inexplicável.

A operação lógica que cria o sintoma

Partindo da consciência de que só é possível conhecer através, podemos refletir mais cuidadosamente sobre as operações lógicas que nos permitem desenvolver uma hipótese diagnóstica.

Vamos primeiro examinar a forma lógica das declarações que usamos para descrever o outro. Sobre locução, formei a partir do verbo "*to be*" e um adjetivo que parece descrever objetivamente as características do outro. Mas, se você pensar bem, parece ficar claro que qualquer afirmação como "Sandro é legal", "sou tímido" ou

"Anna é anoréxica", é na verdade um "atalho" lexical que significa muito mais complexo e certamente menos "econômico". Esta frase deve soar mais ou menos da seguinte forma: "minha experiência de conhecer Sandro me faz formular a hipótese de que Sandro aprendeu, em suas experiências anteriores de relacionamento, a ficar em segundo lugar, métodos que, em nossa cultura e com base na minha experiência, são definidos como 'legal'". Observe que esta frase (por si só já é suficientemente complexa e desconfortável, é preciso admitir) é, na realidade, ainda extremamente simplista e redutora, porque se refere, unilateralmente, a Sandro. Em vez disso, deveria ser mantido tendo também, em devida conta, a inextricável circularidade e reciprocidade da definição de cada relação: isto é, devemos reconhecer que é impossível dizer que o indivíduo único é aquele que propõe uma certa modalidade relacional – como se isso acontecesse no vácuo e a partir de uma iniciativa unilateral. Pelo contrário, toda forma de se apresentar e de se relacionar emerge de um contexto de relações e coevolui com ele e nele. Por esta razão, ainda que como "proposta", pode ser entendida sob outro ponto de vista, como uma "resposta" ou de forma mais radical, como "obediência": como "resposta" e "obediência" as expectativas de colocar e de propor outras que sejam significativas para o assunto. Propondo, segundo uma modalidade relacional definida como "legal" pode e deve, portanto, ser entendida como uma "resposta", e reciprocamente, como uma "proposta".

Se considerarmos agora as afirmações tipicamente "diagnósticas" do tipo "Gino é esquizofrênica" ou "Anna é anoréxica", devemos sublinhar que afirmações mais congruentes a outras épocas e outros contextos (como "Gino está possuído" ou "Anna é mística") são enunciados da mesma forma lógica e, deste ponto de vista, não apresentam nenhuma diferença substancial: o que muda é o adjetivo usado – que, naturalmente, reflete o contexto histórico, cultural e ideológico em que a declaração feita é proposta. Contudo, o que realmente importa permanece inalterado: o uso do verbo "ser", que cria – em ambos os casos – a ilusão de uma descrição "objetiva". Podemos supor que, pelo menos na nossa sociedade e na nossa época, é melhor para qualquer um ser considerado "esquizofrênico" em vez de "possuído" (mas talvez alguns não vão concordar...). Em qualquer caso, porém, devemos estar plenamente conscientes do fato de que modificar o adjetivo e, portanto, o universo de discurso dentro do qual descrevemos o outro, não faz, por si só, nenhuma diferença do ponto de vista da consciência de que estamos falando. Usando o termo "esquizofrênico" em vez do termo "demoníaco" significa apenas acompanhar os tempos. E isso de forma alguma põe em causa, pelo contrário, confirma a operação lógica que a proposição realiza, cujo efeito é criar a ilusão de uma descrição "objetiva".

Podemos agora acrescentar que esta operação envolve, antes de tudo, a exclusão e a subjetividade de quem pronuncia a proposição: ela elide o observador, sua função de criatividade e a sua responsabilidade. Na verdade, é o observador quem escolhe descrever a própria experiência de relacionamento com outras pessoas usando o termo "esquizofrênico" ou "anoréxica", e atribuí-la ao outro como se fosse uma propriedade do outro e não seu próprio método descritivo. Mas o uso do verbo "ser" rapidamente nos faz esquecer de que é uma escolha.

Devemos, portanto, reconhecer que descrever o outro usando um adjetivo partilhado socialmente é apenas aparentemente uma operação que, simplificando a complexidade do encontro, consegue descrever o outro. Na realidade, ele revela-se ser uma operação não apenas descritiva, mas, antes de tudo, desresponsabilizadora, como envolve "sair" de quem fala, sem saber, nem para si mesmo, a responsabilidade subjetiva por uma escolha, que opera em múltiplos níveis:

a) escolha de falar do outro e não de si em relação ao outro;
b) escolha de premissas ou universo de discurso dentro do qual se fala do outro;
c) escolha do termo que classifica e descreve o outro.

Esta operação interrompe o tempo do processo, nega a reciprocidade da relação, ignora o acordo implícito sobre o significado do termo e, acima de tudo, evita a responsabilidade de quem o executa.

Se reconhecermos consistentemente que uma operação ingenuamente considerada "descritivo" é uma operação que na realidade se revela antes de tudo como desresponsabilizante, não.

As descrições contribuem para definir a "realidade psíquica"

Mas porque devemos estar conscientes e, consequentemente, sermos responsáveis por uma operação de linguagem que parece fazer parte das próprias modalidades cognitivas do homem? A questão precisa ser mais aprofundada.

Do ponto de vista estritamente lógico, as afirmações "Aldo é loiro", "Aldo é legal", "Aldo está deprimido" pode ser considerado equivalente: nos três casos, o verbo *to be* parece descrever a propriedade de uma forma aparentemente "objetiva" do outro. No entanto, as coisas não são tão simples. Quando eu digo "Aldo é loiro", na verdade, estou falando de uma característica física, de uma propriedade da matéria. É necessário sublinhe porque, neste caso, minha descrição não terá efeito na cor do cabelo do outro como característica física. Porém, quando eu digo "Aldo é legal", ou "Aldo está deprimido", estou falando de como vivencio e interpreto a relação com Aldo. Em outros termos, realiza-se a mesma operação, mas, neste caso, remeto-a à relação entre eu e o outro. É importante destacar isso porque a forma de descrever um relacionamento participa na definição das características do próprio relacionamento. Como damos significado a conhecer o outro, isso tem, portanto, efeitos pragmáticos no relacionamento. Mais especificamente, o significado que atribuo ao encontro tem inevitavelmente um efeito sobre como eu proponho na relação com o outro e, consequentemente, nas formas como o outro, atendendo à minha proposta, se colocará na relação.

Então, quando digo – mesmo que me limite a dizer isso para mim mesmo – "Aldo é agressivo" ou "Stefano é esquizofrênico", devo estar bem ciente do fato de que a minha escolha de usar esse termo é, em si, uma escolha arbitrária que pode, no entanto, ter efeitos significativos no relacionamento. Em suma, tenho que assumir a responsabilidade por uma escolha que não tem, nem pode ter, qualquer pretensão de "objetividade", mas que pode ter consequências de longo alcance. Esta é uma escolha que preciso ser eticamente responsável. Ainda mais, obviamente, quando aceito a papel do psicoterapeuta.

Riscos iatrogênicos

A responsabilidade observacional diz respeito, portanto, à escolha das instalações epistemológicas, à escolha do universo do discurso, à escolha da terminologia utilizada para descrever a experiência de conhecer o outro. Sublinhá-lo permite-nos destacar como e em que medida a abordagem do psicoterapeuta na relação pode resultar, mesmo com a melhores intenções, conivente e, em última análise, patogênico.

Pense nisto: se eu disser a um paciente cuja febre medi que ele tem uma determinada temperatura corporal, esta comunicação não terá efeito sobre sua temperatura. As coisas já são um pouco diferentes com a pressão arterial, por exemplo, e eles se tornam substancialmente diferentes quando se trata de sofrimento ou problemas psicológicos. O que comunicarmos à pessoa que nos consulta ou aos seus familiares terá efeitos significativos no comportamento e nas experiências da pessoa e daqueles que a rodeiam.

Quando o problema é eminentemente "psiu", devemos reconhecer que o universo do discurso em que o lemos, a forma como o interpretamos, o significado que lhe damos atribuímos e, consequentemente, como nos propomos, influenciam profundamente o problema em si e sua evolução.

Considerando que hoje o universo dominante do discurso é o médico, certamente é útil lembrar que a leitura e a compreensão da aplicação da Psicoterapia, as dificuldades que surgem são apresentadas e os sofrimentos subjetivos que nos são narrados, dentro de um discurso médico, ou em termos de sintomas codificados em termos manuais, certamente pode ser perigoso e possivelmente iatrogênico. Nós sabemos bem disso, pois, muitas vezes, são as próprias pessoas que nos procuram que solicitam esclarecimentos sobre um diagnóstico definitivo. Acredito que é nossa responsabilidade específica responder a tais solicitações questionando-nos em diferentes níveis sobre a pergunta que nos fazem, mas sem fugir, em qualquer caso, da especificidade do pedido e, portanto, entrando no mérito do "diagnóstico".

Porém, em nossa opinião, a resposta deve sempre ter muito cuidado ao destacar as aspas, por assim dizer, explicar o "como se" e, também, sublinhar os riscos associados à crença no diagnóstico como se fosse a descrição "objetiva" de uma "doença" grave e, basicamente, incurável.

Todos fazemos parte da cultura ocidental do século XXI e o uso da terminologia médica e da lógica lexicalizante e classificatória é inevitável. No entanto, o que certamente pode ser perigoso é acreditar nisso.

Devemos, portanto, ter a coragem de afirmar claramente que a utilização de categorias diagnósticas não conscientes do fato de que é uma escolha logicamente arbitrária, tratada em Psicoterapia, sempre potencialmente iatrogênico. E são essas duas categorias estão consistentes com uma lógica "médica" ou, em vez disso, são consistentes com outras lógicas específicas do desenvolvimento de diferentes abordagens psicoterapêuticas (pense, por exemplo, em "diagnóstico de estrutura" típico da tradição psicanalítica ou tentativas de "classificá-las" famílias por algumas abordagens relacionais sistêmicas). Nunca devemos nos esquecer de que a "realidade" com a qual o psicoterapeuta lida não existe como material, ou "coisa", pois, antes, ela existe e acontece no aqui e agora, estando entrelaçada (complexa) no encontro.

Por esta razão, a escolha do universo de discurso dentro do qual o entendemos e os termos segundo os quais o descrevemos não são de todo neutros, ou simplesmente descritivos, mas sim participam do processo contínuo de criação complexa, certamente, não podem ser consideradas sem consequências.

Não estou afirmando que o psicoterapeuta deva fugir do processo diagnóstico. Pelo contrário, acreditamos que o psicoterapeuta deve fazer diagnósticos e fazê-lo consistentemente com o modelo teórico clínico de cada um. A profissão de psicoterapeuta exige submeter o processo de conhecimento a conceitos, teorias e métodos específicos, declarado e explícito; submetendo o processo de conhecimento a um referencial teórico preciso e definido é, e deve ser, precisamente o que nos permite lembrar que conhecer é ainda autorrelatado e, portanto, descreve seus próprios métodos descritivos. O psicoterapeuta deve adotar as lentes específicas que sua abordagem proporciona, mas justamente o fato de usar lentes bem definidas devem lembrá-lo de que são lentes. Lentes que são mediadas pela linguagem.

Em primeiro lugar, não devemos nos esquecer de que em nossa língua dizemos sobre "ter "gripe ou pneumonia ou qualquer outra patologia fisiológica, enquanto é diagnosticado psicopsiquiátrica envolvendo o uso do verbo "ser". Diferença de grande importância: o uso do verbo "ser "implica que a pessoa como um todo é como o diagnóstico prevê que ela deveria ser, afirma, nem mesmo de forma tão implícita, que a "doença" é um traço permanente, definitivo. O diagnóstico "psi", utilizando o verbo "ser", parece descrever uma característica imutável, uma propriedade inseparável da pessoa em sua "essência". Não certamente, queremos dizer com isso não negar nem o sofrimento subjetivo nem a experiência de compulsão e da perda de autonomia subjetiva que acompanham o sintoma. Precisamente, é disso que o psicoterapeuta deve cuidar. A questão é que ele deve saber que é possível lidar com isso dentro de diferentes universos do discurso, usando métodos descritivos diferente; acima de tudo, não se deve esquecer que estes são métodos descritivos e que nenhum deles é verdadeiro em si mesmo. Devemos, em última análise, aceitar humildemente: a) essa escolha "ler" e compreender o problema em termos médicos é uma "escolha", na verdade, não um dos dados objetivos; b) que esta escolha pode eventualmente revelar-se útil, uma vez que aceita a linguagem e o ponto de vista do outro, mas também pode ser prejudicial ao longo do tempo.

Capítulo 5

Não saber que não sabe: aceitar os pontos cegos e encorajar a intuição

Umberta Telfener

"Os significados não estão na cabeça."
Putman 1975
"A cultura está na mente que está na cultura."
Morin 1986

Que a causalidade determina o fluxo de eventos no universo é uma das crenças centrais para a nossa cultura ocidental. Acredita-se que se pudéssemos compreender as leis da natureza poderíamos compreender o mundo. Com explicações, desejamos estabelecer deuses conexões entre um evento e outro. Como aceitamos essa quantidade mínima de conhecimento e evitar este oceano de ignorância?

O ser humano não inventou nada além de teorias ingênuas para explicar as próprias faculdades, e não aprecia suficientemente a maravilhosa máquina do universo que o inclui. Ele está surpreso, indignado, ou sim, ele só se preocupa quando não funciona de acordo com suas expectativas, o que ele raramente admite sua profunda ignorância diante de seu próprio senso de conhecimento. Em vez disso, repensamos uma epistemologia, uma teoria do conhecimento, que tem consciência da vastidão da nossa ignorância, uma epistemologia que surge como a ponta de um *iceberg*, consciente de sua condição flutuante. Assim, escreve von Foerster (1992, p. 4), propondo a chamada Letologia, do rio Leteiii, que é atravessado quando morto e faz desaparecer as memórias – o cálculo do indeterminável, do indecidível e do incognoscível, com o qual nas Ciências Sociais somos constantemente confrontados. O epistemólogo sugere que apenas as questões que são, em princípio, indecidíveis são possíveis de serem decididas, pois ainda não existem decididas pelo quadro de referência dentro do qual surgiram.

Se concordarmos com von Foerster e sua hipótese, sempre teremos algo para fazer na terapia que é lidar com o incognoscível e indeterminável, tornando-se, portanto, essencial lidar com o nosso próprio, com a ignorância alheia e com imprevistos, como argumentamos até agora. A observação implica sempre em um ponto cego, como bem demonstrou von Foerster, de uma maneira prática, em seus seminários.

Estamos nos referindo à necessidade de aceitar plenamente não apenas a ideia de que somos ignorantes, mas também de que não vemos tudo: o nosso conhecimento é sempre incompleto, provisório, autorreferencial; nosso "conhecimento" envolve uma cegueira constitutiva e ineliminável, que não está sob nossa jurisdição e sobre o qual não podemos intervir. Uma zona cega em que não podemos ver, da qual Julian também fala (Jaynes, 1976).

Consciência de ser cego e ignorante

A atitude epistemológica em relação à Psicoterapia implica assumir mais posições em relação ao conhecimento e mais posições em relação às narrativas que nos são trazidas, mas nós já dissemos isso. Além de saber que você sabe e saber que não sabe, gostaríamos de sublinhar neste capítulo o não saber do não saber: os pontos cegos que não podemos evitar.

Gostaríamos também de chamar a atenção do leitor para o desconhecimento do que sabemos: o que emerge na intuição e que não está sob nosso controle.

Então, como podemos gerir a inevitável "ignorância" ao nos depararmos com situações? É útil, vindo agora como opinião, percebermos que só podemos abordar as situações como estão, como se apresentam para nós, sem esperar conhecer um sistema "bem" ou "melhor".

Devemos nos contentar com a nossa ignorância e expandi-la ainda mais. Isso é bem colocado diversas vezes por Mauro Ceruti (1995): embora a atitude clássica de não saber não acha que identificou o problema e não sabe a solução, uma epistemologia cibernética propõe que não é apenas a solução que é ignorada, mas também a extensão dos problemas. O propósito de conhecer não é investigar para fazer emergir o que você não sabe, entrar em áreas desconhecidas, tolerar dúvidas e não exigir controlar e saber tudo. Torna-se necessário abandonar categorias a priori para acolher o que nos é trazido e o que emerge da relação, abandonando soluções determinísticas. Torna-se necessário não perguntar para saber quanto pedir para atrapalhar, para fazer algo acontecer no aqui e agora do contexto terapêutico e reagir ao que acontece no que diz respeito aos múltiplos níveis da narrativa. Esse envolve fazer intervenções insaturadas, fazer sugestões, não acreditar muito nas nossas hipóteses, abrir possibilidades em vez de limitá-las por meio de um controle excessivo; isto exige traçar o próprio processo de construção das ideias, emoções e teorias que surgirem na relação. Significa entrar no próprio mecanismo de explicação, em vez de aceitá-lo sem questioná-lo. É ver os níveis envolvidos: como se formou a ideia trazida para a sessão, com que propósito esta narrativa foi escolhida em vez de outra, se atende às necessidades e como é adaptativa em relação à situação trigeracional e para as emoções apresentadas, que alternativas existem para esta narrativa.

Como clínico, ele mesmo o influenciou, o endossou, correndo o risco de torná-lo homeostático e podendo, em vez disso, perturbar. Significa saber que mesmo quando as pessoas enfrentam um problema definido, a questão emerge do processo de construção do quadro partilhado, e é preciso "derrubar" a interpretação anterior, construída antes do encontro com o profissional. Saiba também que nem toda convulsão será boa de qualquer maneira.

Não podemos, portanto, confiar ou confiar no planejamento de cima para baixo apenas pautado no que sabemos e no que os outros pensam que sabem: a nossa compreensão dos eventos é incompleta e insaturada e só pode ser de outra forma se corremos o risco de cair no conteúdo e acreditar na verdade do que nos foi dito. Ter esta incompletude permite-nos investigar mais, questionar a própria narrativa, não respondendo ao plano proposto. Isso permite a implementação de um caminho reflexivo que inclui o profissional e questiona o porquê – simultaneamente adaptativo e conivente – da narrativa em curso.

Considere a possibilidade de sua própria ignorância no domínio clínico (sabendo que você não tem conhecimento), o que implica renunciar a sua experiência. As situações tornam-se imprevisíveis, porque se revelam mais complexas do que a narrativa veiculada; escolhas às vezes se tornam indecidíveis. Saber que você está inevitavelmente cego e ainda mais cego significa:

- Renunciar ao controle do sistema que fazemos.
- Imaginar a situação terapêutica como um objeto fractal para trabalhar bordas que surgem em relação a nós.
- Identificar tanto a utilidade da narrativa em curso como o engano que a mantém.
- Suportar a ansiedade de questionar a narrativa veiculada, procurando conexões.
- Saber que o que dizemos e fazemos juntos na terapia é ao mesmo tempo uma repetição de algo que já existe ou a criação de algo absolutamente novo e irrepetível.

- Implementar uma "conversa sobre o possível" (Mc Carthy, 2009), que permita cliente e terapeuta renunciarem a verdade, a rigidez e as certezas.
- Contentar-se em fazer alguns eventos acontecerem na sessão e construir uma realidade viável, uma realidade que dá a possibilidade de trabalhar evolutivamente.
- Monitorar constantemente o risco de resultados indesejáveis que não sejam favoráveis àquela evolução para a qual fomos contratados.

O risco é perder a visão global e o potencial evolutivo, cair na presunção de ver o problema com clareza; o risco não é percebemos que compartilhamos preconceitos e usamos categorias definidas como se fossem universais; que caímos no conteúdo, permanecendo enredados na autorreferencialidade, na solução do problema.

O que se segue da aceitação da nossa cegueira, além da liberdade de confiar no relacionamento e a intuição, é confiar nos outros e torná-los nossos líderes colaboradores? Considerar esta posição inevitável nos traz:

1. a necessidade de confiança sobre a ordem que pode emergir da desordem.
2. a assunção da responsabilidade pelo processo contínuo.
3. o compromisso de pensar adequadamente em termos de responsabilidade de corresponsabilidade.
4. contentar-se com o conhecimento provisório.
5. esforçar-se para não entender muito cedo e não saturar o conhecimento do sistema.
6. confiar também na capacidade do sistema de autocura.
7. prestar atenção aos diferentes planos que definir conceitos e informações.
8. abandonar soluções determinísticas.

A consciência de estar cego aos diferentes níveis semânticos da mesma narração, às experiências que não vemos e às que nos envolvem tanto que ressoa demais, permite-nos pensar cada vez mais sobre o processo e sobre as ações que precisamos implementar. O clínico interpreta o que é dito usando múltiplas grades e pode explicá-las ou guardá-las para si até encontrar o que não é, o que tinha visto. Escolhemos o nível em que lemos a narrativa e conectamos consecutivamente ao mundo infantil e ao jogo da família nuclear; ao campo trigeracional e histórico; aos relacionamentos aqui e agora com outras pessoas significativas; ao mundo interno, aos aprendizados e às experiências realizadas; ao relacionamento conosco.

Frequentemente, escolhemos uma destas chaves interpretativas e a expandimos, no entanto, passar para outro se o primeiro não produziu qualquer perturbação. Então nós podemos investigar para intervir, a fim de ampliar as possibilidades e aumentar os gradientes de liberdade: sobre a narrativa trazida e seu significado adaptativo; em seu contemporâneo significado colusivo que deriva de aspectos inconscientes da história do cliente e de outros significativo; sobre como a narrativa ressoa conosco, com quem somos, com o que foi feito até agora; que evolução a narrativa propõe e que cenários ela abre.

Tenha sempre em mente possíveis eventos inesperados

Reconhecer e aceitar a presença de pontos cegos torna necessário considerar o risco de poder torna-se um médico homeostático. Por outro lado, leva a evitar a implementação de uma correção moral e a reabilitação psicológico-normativa. Sucessos e fracassos não dependem unilateralmente do médico ou do sistema que pede ajuda, mas emergem dentro da história do relacionamento e do encontro mútuo. Eles emergem da coordenação de ações e significados.

Conluio, cronicidade, iatrogenicidade são consequências inesperadas que emergem nos processos interativos mesmo quando o modelo é a aplicação correta, porque eles têm a ver com relacionamento e processo. Eles também têm a ver com ter caído na armadilha da narração e de seu conteúdo. Eles vêm de ignorar nossa cegueira.

"Sistema" não é o que existe numa realidade fora de nós, mas sim uma ecologia de ideias/emoções que trazemos à tona daquilo que ajudamos a selecionar junto com nossos clientes e com outras pessoas significativas, que podem ser parentes dos usuários, outros operadores implicados no caso, nossos colegas e supervisores. Todos nós determinamos juntos significados e ações e somos determinados por eles. No caso de um percurso clínico, não é apenas o que é escolhido como "terapêutico" que tem efeitos "terapêuticos", mesmo podendo ser secundário ou parecer completamente inútil; o que foi colocado em primeiro plano, bem como as estradas não percorridas. As palavras e ações, os significados que criamos e que não trazemos à tona dão origem a uma dança interativa e podem levar a menos efeitos desejados, precisamente pelo fato de – num processo de co-construção – não ser apenas o terapeuta quem determina os efeitos do que acontece. Ele também será o outro CEO a atribuir um "sentido" ao que é explicado, retroagindo com base nas próprias premissas e na sua atribuição de significado. Não existem procedimentos objetivos em Psicoterapia, e o que ficará claro e evidente ao final de uma terapia, afirma Goudsmit (1995), não é previsível antes do encontro psicoterapêutico.

Refletir sobre as consequências operacionais e epistemológicas da cegueira leva à expansão das lentes. À luz do que foi afirmado, identificamos dois riscos: ou você desiste paralisado pela ansiedade, porque é impossível saber para onde está indo, ou simplesmente entra em um sistema considerado terapêutico, como o construcionismo social por Anderson e Goolishian (1988). Nossa proposta é compreender a entrevista terapêutica como uma segunda intervenção contínua e constante ordem, durante a qual o terapeuta questiona constantemente o que está acontecendo, tanto ao nível das premissas gerais do campo como ao nível das ações terapêuticas concreto e aos efeitos do relacionamento contínuo. É necessário avaliar repetidamente as consequências de ações passadas e em curso (*feedback*), a fim de construir novos planos de ação para antecipar as consequências de várias alternativas e decidir como proceder em qualquer momento específico. Ao mesmo tempo, deixamo-nos levar pela corrente e confiamos no processo e na relação que foram estabelecidas nas pessoas que estão dançando juntas e nos recursos do campo, a fim de maximizar a utilidade terapêutica.

Os comportamentos do clínico não têm um resultado construtivo em si, nem positivo (evolução) nem negativo (homeostase). Os comportamentos do médico têm um efeito dentro das definições/representações partilhadas a nível relacional e social, um acompanhando a dança em andamento. Ou seja, os resultados das intervenções emergem de um jogo interativo em que múltiplas figuras participam ativamente. Existem consequências não intencionais, o resultado de uma ação conjunta, não atribuível a indivíduos, nem mesmo causada por fatores externos. Os participantes da interação têm um papel ativo na definição do caminho de ação conjunta, mas o caminho em si é contingente, processual e histórico.

O que o podemos definir como "eventos inesperados" dentro de um processo que envolve eventos que não estão sob nosso controle? Mesmo os erros, que, no entanto, dentro do quadro cibernético são sinais de que eles podem ajudar o médico a corrigir o curso, é impossível, e até mesmo errado, propor não cometer erros: a possibilidade de cometer um erro é indistinguível da própria possibilidade de conhecimento. Também é difícil avaliar as **falhas**: o que pode ser um sucesso para um membro do sistema terapêutico pode ser interpretado como um fracasso por outro. Trata-se, portanto, de falhas objetivas, mas referem-se apenas a um ponto de vista particular e a uma pergunta específica. O **impasse** pode ser considerado um efeito inevitável e inesperado ou útil: uma situação difícil em que alguém se encontra quase de repente e às vezes inexplicavelmente, um ponto de bifurcação que não havíamos previsto e que nos obriga a tomar um caminho alternativo. Ela se desdobra no tempo e no espaço, sinalizando a necessidade de repensar suas ações. Os erros, as falhas, o impasse dentro de um modelo cibernéticos são sinais que podem indicar ao clínico a necessidade de refletir a respeito do processar e corrigir a estratégia terapêutica.

Eventos inesperados são todas aquelas situações que acontecem e nos levam a mão: um momento em que ficamos paralisados, porque estamos muito enredados, porque perdemos a nossa autonomia e corremos o risco de pensar como o sistema que pediu ajuda; quando não vemos alternativas ao padrão habitual de comportamento; quando acreditamos na gravidade da situação e nos refugiamos na patologia; quando a nossa curiosidade estiver se perdendo; quando a processualidade, entendida como a possibilidade de, for perdida pelo prosseguir e evoluir. Diante de tais acontecimentos, é necessário refletir sobre as reflexões em campo, sobre o que não estamos vendo, sem considerar que aconteceu uma catástrofe.

Como fui conivente com o sistema? O que fiz ou deixei de fazer para participar do bloqueio do processo evolutivo? Que atitude/emoção/crença/preconceito contribuiu para a situação que surgiu? Eu impus meus valores, meus próprios mapas ou aceitei sem discussão os dos meus interlocutores ou outros profissionais envolvidos? Levei em consideração o que foi oferecido a mim? Os preconceitos me fizeram vibrar com o sistema e me tornaram insensível às diferenças? Como perdi a relacionalidade da reunião? Eu tinha em mente o que fazer ou o "ter" participou de uma conversa/contação de história sem ideia de projeto?

As perguntas que surgem, e são muitas, vão na direção da multiplicidade de posições: dentro, fora, eu me observando e as hipóteses produzidas enquanto participo da narrativa em andamento. Estas e outras possíveis.

Um acontecimento inesperado também pode se tornar uma oportunidade para parar e refletir com outras pessoas e outros envolvidos, podendo dar origem a momentos evolutivos importantes, porque somos obrigados a complexificar os níveis narrativos.

Resultados indesejados

Resultados indesejados acontecem e muitas vezes o médico pode atribuí-los à gravidade da situação, à gravidade dos sintomas, a outra pessoa e à sua má adesão. Mas dissemos que estamos inexoravelmente envolvidos e, portanto, corresponsáveis por aquilo que acontece. Às vezes, operamos, inconscientemente, diminuindo as possibilidades evolutivas de processo.

A seguir, pretendemos descrever aqueles acontecimentos inesperados que o obrigam a parar, refletir e que podem levar a **resultados indesejáveis**:

Cirurgias ortopédicas (orthos = norma)

São aquelas intervenções que tendem a normalizar a situação, reduzir sua complexidade, criar um acordo invisível entre o requerente e o médico para um objetivo não evolutivo, e colocar o clínico na posição de médico homeostato.

Colusão

É o impulso de jogar o jogo do outro, a armadilha de ter aceitado o ponto de vista do contexto e da maioria e encontrar-se enredado num jogo que não é evolutivo, porque está muito em sintonia com as opiniões daqueles de quem o problema participou torná-lo estável. Conluio (Laing, 1961) significa co-construção de regras compartilhadas e tácitas que manter o *status quo*. Trata-se da possibilidade de ser incorporado ao sistema, ajudando a manter o equilíbrio com que o sistema se apresenta. Uma operação inicialmente inevitável para ser aceita – a necessidade de se confirmar mutuamente – o que Laing define como "um engano compartilhado", já que cada um aceita jogar o jogo do outro, ativando um processo de confirmação mútua. Conluio significa também cair nas tramas de um sistema e raciocinar de acordo com a lógica do sistema. Portanto, perder o próprio poder perturbador e ressoar nas mesmas notas que eles fazem o sistema ressoar (Telfener, 2011).

Entrando em ressonância (Elkaim, 2008)

São cordas que vibram com as vibrações das outras cordas. É a experiência de várias botas batendo em um *deck* de madeira e que produzem um único som, no qual a multiplicidade foi perdida. É sobre as situações em que perdemos a reflexividade, prosseguindo por um caminho que acreditamos ser comum: ouvimos/percebemos alguns temas e não os trazemos à tona, não os destacamos ou enfrentamos, porque eles estão tão perto de nós que não podemos vê-los. É sobre aquelas situações em que os temas abordados são tão significativos e delicados, tão pessoais até para o clínico, que não os reconhece porque não os "digeriu" nem mesmo em seu próprio domínio subjetivo.

Cronicidade

Surge quando um mapa da patologia é partilhado por todos os componentes da rede relacional que inclui o cliente, como familiares, cuidadores, remetentes. Quando todos concordam com a gravidade e imutabilidade da situação, não há mais troca de informações, mas simplesmente uma adaptação aos acontecimentos patológicas, como se fossem a única realidade digna de nota. Caindo na armadilha da doença e da gravidade do sintoma, da perda de confiança no cliente e muito mais, faça que algumas situações clínicas corram o risco de se tornarem crônicas, não devido à gravidade da mesma situação, mas como eles são gerenciados. Os clientes são capturados por uma narrativa única, que apenas muda as soluções e nunca questiona as instalações.

O risco de risco iatrogênico (iatreia, tratamento médico; gignomai, nascer)

É a outra consequência inesperada que emerge de processos interativos, mesmo quando o modelo chega aplicado corretamente. Deriva da prática do cuidado, surge naquelas situações em que se levanta a hipótese de que o agravamento não se deve à personalidade das pessoas em tratamento, mas ocorre acompanhando as operações do profissional de saúde e o processo em andamento. A questão mais correta tem a ver com o que mantém o processo de agravamento ocorrido criar e quais crenças o processo de agravamento endossa (Bianciardi Telfener, 1995).

Argumentamos que o risco iatrogênico pode estar relacionado a três fatores principais, entre outros:

1. uma epistemologia implícita, segundo a qual o observador está separado do observado;
2. uma teoria que prevê e descreve etapas normativas, segundo as quais uma pessoa deve atingir saúde ou maturidade;
3. uma atitude voltada apenas para a informação horizontal, que não leva em conta os diferentes níveis lógicos presentes em cada comunicação.

O risco não é, portanto, que o terapeuta ignore algo sobre o objeto de conhecimento, pois isso é inevitável e saudável. O risco é que ele ignore algo sobre si mesmo, ou seja, ignore o potencial e ao mesmo tempo as restrições das rotas propostas e emergências, que ignore suas próprias formas de saber em relação as de seus clientes, que recuse a própria cegueira e ignorância. Esta confusão dos meios cognitivos com a realidade é a raiz de todos os riscos possíveis de danos iatrogênicos: cair na tautologia, segundo a qual as explicações contêm apenas as informações que já se encontram nas instalações. O risco de resultados indesejados é resolvido por meio de trabalho reflexivo, ferramenta principal, mas também pela equipe, visão super/igual, raciocínio comum que permite polifonia, envolvimento com o cliente na avaliação do processo.

Sem saber que você sabe

É uma questão de confiar na **intuição**, na possibilidade de não ter que decidir tudo e, em vez disso, passar a confiar em nosso instinto. A capacidade de confiar em si mesmo com os *insights* clínicos amadurecem com o tempo e constituem, às vezes, uma ferramenta terapêutica útil ao movimento decisivo para sair de um impasse. Psicoterapia não é uma operação exclusivamente racional, é um encontro entre pessoas, emoções, visões de mundo, irracionalidade, inconsciência. Improvisação, como a capacidade de se mostrar irreverente, é certamente uma ferramenta útil, porque permite alterar o nível de "tenha cuidado" para "entrar na discussão", para escapar de uma lógica muito estreita.

O que significa não saber que você sabe:

- Não exigir o controle do processo.
- Confiar no ambiente, no processo e no relacionamento.
- Abandonar rotas preestabelecidas para favorecer o que surge do encontro.
- Questionar-se sobre as ações tomadas, pelo menos em retrospectiva.
- Questionar as premissas que norteiam as intervenções e ficar livre para voar, como o contador de histórias do título do livro.
- Ter coragem de estar no relacionamento como pessoas identificadas e curiosas.
- Trazer à tona fenômenos criativos e se divertir com eles.

Geralmente, não trabalhamos de maneira proposital nem nos submetemos à primazia da razão, exceto quando as coisas não acontecem como gostaríamos. A terapia é "um produto que surge espontaneamente, seguindo a prática e disciplina do paciente: que não nasce, isto é, do esforço, mas da ausência de esforço." (Madonna, 2003). Não é apenas o propósito consciente, é o que nos guia, a ação terapêutica se afasta do pensamento hipotético dedutivo para abordar o surgimento de narrativas plausíveis e relevantes, que implicam intuições, associações, ideias. Para que tudo isso aconteça sem esforço, devemos confiar em nossa intuição clínica e na natureza humana. Como Catarina escreve Bateson (1988), ao chegar ao ponto em que a ação se torna espontânea "agir não consiste mais em decidir fazer algo para atingir um determinado objetivo: ação torna-se não mais a expressão do que você quer, mas do que você é." (p. 9).

PARTE II

Teoria da Técnica

Capítulo 6

A relação terapêutica como ação reflexiva

Umberta Telfener

"A mente é uma propriedade da relação que se estabelece entre o corpo e o mundo", um professor deve ser um aluno, caso contrário, ensinar não acontecerá. Gordohn Pask (1972) fala que a relação terapêutica significa refletir sobre o modelo que fundamenta o tratamento.

É isso que estamos fazendo neste livro, tratando de um tema delicado. A relação é considerada precondição para a mudança, dá origem a um campo bipessoal, no qual tentaremos refletir, um espaço de transição (Winnicott, 1971), que adquire vida própria.

Refletir sobre o relacionamento significa desviar a atenção apenas do terapeuta, considerada uma variável significativa, para refletir sobre a troca de narrativa que envolve todos os participantes ativamente. O relacionamento envolve tanto o cliente/usuário quanto o terapeuta, e torna-se um espaço semântico e emocional, do qual participam diferentes vetores (melhor se não for contraditório). Duas ou mais subjetividades interagindo, cada uma com a estrutura própria de relacionamentos introjetados e reais, com premissas e expectativas próprias, com os próprios interlocutores mentais, com suas experiências subjetivas. Aliança de trabalho, empatia, *rapport*, relacionamento, envolvimento, transferência, interação colaborativa... são, portanto, construções, e não sinônimos para pensarmos juntos.

Algumas construções básicas

Gostaria de propor alguns conceitos selecionados entre muitos, emprestados de modelos diferentes, sobre os quais convido o leitor a refletir, considerando-os marcos para o raciocínio.

As reuniões terapêuticas constituem um **sistema autônomo**, que emerge de uma atividade compartilhada. Os participantes reais e fantasmagóricos encontram-se envolvidos numa conversa autorreferencial, que visa manter o nível pragmático de reuniões e o nível simbólico do relacionamento. Um componente fundamental à relação terapêutica é o **encontro**, principal momento de construção da relação, que se renova a cada sessão. Encontrar-se significa reconhecer-se, aceitar-se, reconectar-se a pensamentos de vez em quando, relembrar o que foi compartilhado, construir uma narrativa baseada na cumplicidade, na memória e na evocação do que já foi propondo, novos caminhos comuns. Idealmente, significa a disposição de entrar em um relacionamento sem julgamento, em que cada um dos participantes tem a oportunidade de brincar e expressar suas ideias, encontrar espaço para as emoções e para propor novos roteiros. De posições diferentes, porém, pois o clínico tem a tarefa de perturbar o outro e, portanto, ter uma estratégia nesse sentido, com um papel específico e um mandato da empresa para cuidar e ajudar aqueles que recorrem a ele.

O encontro implica envolver-se, construindo algo que não preexiste a sua ocorrência, o que não garante os resultados que determinará, mas implica um projeto. Trata-se de envolver-se de forma intensa e participativa, para influenciar o campo semântico que foi construído, por meio de palavras e ações. É sobre intervir nas narrativas que foram compartilhadas, que propõem representações prototípicas de si mesmo, do outro, do mundo e do relacionamento (Esquema interpessoal, por Safran & Segal, 1991).

O próprio clínico pode organizar o *setting* terapêutico para que ele se constitua como uma **base emocional segura**, e a terapia pode se tornar um contexto de aprendizagem adicional, no qual experimenta diferentes maneiras de interpretar a si mesmo e ao mundo. A relação terapêutica permite a experimentação de novas relações e o desenvolvimento de novos métodos de fixação, além da construção de uma sala de descompressão para suspender os modos habituais de comportamento. O relacionamento ajuda e baseia-se numa harmonização dos sistemas motivacionais das pessoas envolvidas: trata-se de estabelecer um relacionamento profissional baseado no compartilhamento de roteiros de papéis, visando não tanto o cuidado do apego, mas a cooperação para um fim compartilhado. Quanto maior a taxa de cooperação, mais o médico será capaz de exercer a reflexividade – afirma Ceccarelli (2011) – como a cooperação que tem que fazer tem a ver com um objetivo externo, o qual deve ser partilhado e, portanto, negociado. Cooperação ativa é uma comparação constante com o outro, uma comparação que não tem um objetivo predefinido e muito menos conhecido, a priori nem pelo médico nem pelo paciente. Esta harmonização ocorre na negociação (a negociação é baseada na percepção das diferenças) com relação ao significado do relacionamento e da questão. A relação de ajuda profissional exige um alto nível de reflexividade, se faltar, o relacionamento termina em conselhos amigáveis ou você corre o risco de ativar os cuidados do médico, o que resulta quase inevitavelmente conluio.

Outra construção importante é da **aliança terapêutica**, um fator inespecífico de terapia. Trata-se da colaboração eficaz que resulta da reunião, que define o processo, mas não os conteúdos e desenvolvimentos. Este é o resultado de um projeto dividido, organizado por uma necessidade que liga os gradientes de liberdade e a gratuidade da relação, o que não é um fim em si mesmo. Esta aliança tem uma componente emocional muito relevante e opera em conjunto com uma série de outras construções interpessoais: as características do terapeuta, a dimensão empática, as características do paciente, o tipo de encontro e contrato, o tipo de ligação paciente-terapeuta, gestão relacional de intervenções etc. É importante não tratar a aliança terapêutica como uma construção estática, ela deve ser considerada um meio através do qual diferentes aspectos do processo terapêutico são postos em movimento diferentes momentos da terapia.

Muitos modelos, inclusive o nosso, compartilham o conceito de cliente como colaborador: entre outros Bion (1992), representante autorizado do modelo psicanalítico, que o define como "o melhor colega" que podemos ter, como continuamente dá instruções a um clínico que, se estiver atento pela escuta (*l'*écoute *de l'*écoute, operação de segunda ordem conforme definida pelo autor), torna-se capaz de produzir transformações que conduzam ao pensar, em vez de se tornarem uma fonte de perseguição. Guidano (1988), cognitivista, fala sobre um projeto de pesquisa na organização mental do cliente, que vê a colaboração entre cliente e terapeuta.

A reflexividade como ferramenta

Não podemos nos colocar fora do campo de observação. Não podemos deixar surgir arbitrariamente um sistema e "levar ao pé da letra" o que esse sistema nos traz, intervindo de fora nos conteúdos apresentados, sem entrar no mérito da dança. De uma perspectiva construtivista, o observador, ao observar, modifica o campo de observação e, portanto, não pode ser nem neutro nem externo ao domínio de observação. Se o mundo emerge das nossas operações de escolha, torna-se essencial refletir sobre as premissas e escolhas que determinaram o surgimento daquela "realidade" particular e não de outra, refletir sobre o que aconteceu para que aconteça exatamente o que aconteceu. Falando dos conceitos que estão envolvidos no seu próprio domínio, devemos citar novamente HvF (1984): "Vamos começar com "propósito". Se considero um conceito de primeira ordem, falo em "ter um propósito". Tomado como um conceito de segundo nível, podemos perguntar-nos "qual é o propósito do propósito?", ou seja, perguntar-nos o porquê de introduzir a noção de propósito. Prestar atenção à natureza **autológica** do "propósito" significa que nosso olhar passa da observação de "algo" (o que é observado) para "alguém", ou seja, aquele que usa o termo, ou seja, o observador (p. 4). Novamente melhor à relação entre o observador, o que ele observa e a emergência do processo. Esta é uma operação de cálculo (***Computo: cum, juntos; putare, contemplar; contemplar coisas juntos***) que o clínico realiza constantemente ao se deparar com pessoas e acontecimentos que não podem ser definidos a priori, pois são máquinas não triviais, em que a relação entre os *inputs* e os resultados não são invariáveis (são analiticamente imprevisíveis e indetermináveis, dependentes da história e do processo, guiados pela sua voz interna, e não pela obediência). O operador atua sobre si mesmo, uma vez que está incluído na sua própria organização, na responsabilidade de segunda ordem, tal que o clínico passa de uma injunção do tipo "você deveria..." para uma "eu devo...". O clínico não contempla objetos, matéria, território, mas privilegia um número cada vez maior de ciclos retroativos que o incluem; pergunta-se quais eventos que o incluem e causaram os eventos com os quais é confrontado; investiga o *feedback* que deriva das emergências produzidas. É considerada parte do processo e incluída na organização semântica que envolve a questão; considera-se parte de um novo sistema que descreve como fechado e autónomo (Varela, 1975). Isso significa que devemos construir coerência no diálogo e nas ações, na conversa e implementar operações recursivas (re = novamente, currere = correr). Significa que cada participante participa da organização heterárquica da realidade que se forma. Por fim, significa privilegiar processos recursivos de segunda ordem: mapas de mapas, pontuações de pontuações, diagnóstico do diagnóstico, *feedback* de *feedback*, mudança dos processos habituais de mudança. Significa criar uma circularidade entre observador e observado, por meio desses 50 acontecimentos que trazemos à tona e sobre os quais operamos: a possibilidade de criarmos um mundo juntos, ampliando a análise da questão que foi colocada. Trata-se de implementar aquelas operações que Maturana chama de "conversas liberalizantes", nas quais gera-se uma reflexão no presente sobre os elementos trazidos para o presente (Maturana, 2003). Por recursão – uma operação nascida na lógica matemática –, queremos dizer a capacidade de calcular por meio da reflexão relacionada às próprias operações. O objetivo da terapia passa a ser não apenas definir e redefinir constantemente o problema e a questão da terapia, mas sim trazer à tona novos *insights* e conexões, a fim de construir novas histórias.

Vamos exemplificar por meio de um caso clínico:

Maria é uma mulher de 50 anos, médica, muito competente. Durante anos avançou muito rapidamente e a sua forma de se relacionar com o mundo tinha mais a ver com agir do que com refletir. Foi isso que lhe deu identidade e força para se orientar no mundo. Assim, teve dois filhos, conquistou reconhecimentos e títulos no trabalho, cuidou do marido cadeirante (esclerose múltipla): sem nunca reclamar, ativa e cheia de energia. Ela chega à terapia quando foi definida como "sofrendo de depressão grave", por cerca de 4 anos com uso de psicotrópicos, e há um ano, fora do ambiente de trabalho. Ela está completamente deprimida, seu farmacologista de confiança quer mantê-la fora do trabalho e relaciona os sintomas principalmente ao desgaste do trabalho. Estamos na terceira sessão: "Posso contar como a vejo? Vejo como um trem de alta velocidade que, por acontecimentos que precisamos entender, parou no meio do caminho e tentou se consertar, pedindo ajuda. Quando isso aconteceu, começou a funcionar acelerada e acredita que deve continuar sendo acelerado por toda a vida. Intolerável que um "Freccia Argento" se torne um acelerador!

Maria me olha com curiosidade. Usarei a metáfora do trem ao longo da sessão como hipótese, fazendo pequenos comentários, reforçando cada pequena ação que realizei. Enquanto isso, pergunto-me até que ponto será útil para o sistema mais amplo o fato de M. ser uma estudante acelerada neste momento. Ao marido com quem ela não mantém relações sexuais há anos e que precisa que ela cuide dele, aos filhos que estão crescendo e não querem sua interferência, aos colegas de trabalho que ocuparam seu lugar e suas funções, para si mesma que talvez ao parar, percebeu tardiamente as escolhas erradas em sua vida. Até ao farmacologista que lhe confia os cuidados do marido e lhe diz que essa é a "missão dela". Como podemos ajudá-la a sair da definição de deprimida que ela "comprou", que cabe como se fosse um terno feito sob medida e que certamente teve um valor adaptativo? Como não me opor ao farmacologista, obrigando a senhora a escolher entre dois profissionais? Que coisas Maria não me diz e nem se lembra? Que conexões nos ajudariam a dar-lhe um ponto de vista alternativo sobre si mesma, em vez de permanecer com a forma como seu farmacologista, seu marido (já que ela está deprimida, é ele quem a ajuda) e a parte "dever" de si mesma querem que ela faça isso ser? Existe uma paixão em sua vida, um acontecimento/pensamento/desejo que contribuiu para deixá-lo deprimido porque foi proibido para você, talvez proibido por você mesmo? E quão idiossincrasia minha poderia ser a necessidade de ver Maria novamente ativa e competente, quando por enquanto ela só se sente desamparada, incapaz e paralisada? Quão necessário é aceitá-lo assim? O quanto o meu querer diferente de um acelerado atrapalha/ajuda a situação atual? O que Maria pensa da sua própria lentidão, que hipóteses ela fez sobre o que aconteceu com ela? E o fato de ainda "sentir" isso forte é uma vantagem ou um obstáculo? Como estou cego? Até que ponto a "minha" necessidade pessoal de energia determina o que é desejado em relação a ela? Posso certamente confiar na minha intuição clínica e na de uma mulher que funcionou muito bem durante boa parte da sua vida e "desfruta" do processo de co-construção em curso, mas é obrigatório que me faça estas perguntas e possa a responder cada pergunta de forma diferente cada vez que me pergunto.

A reflexividade alimenta-se da capacidade de se diferenciar do outro, tendo em mente um objetivo comum, mas a capacidade reflexiva do clínico alimenta a do cliente. O objetivo passa a ser a análise dos sistemas em interação, com a consciência de que, nas crises, a reflexividade corre o risco de diminuir e para garanti-la, é necessário organizar o sistema terapêutico em múltiplos níveis, por meio de uma leitura relacional do que acontece. Como bem explicam Laura Fruggeri e Massimo Matteini (1988), não é um clínico que observa o cliente à luz do seu modelo de referência (operação linear e simples), mas um clínico que se considera parte do processo, à luz do seu modelo de referência, observa se ele próprio está em interação com o usuário.

Reflexividade

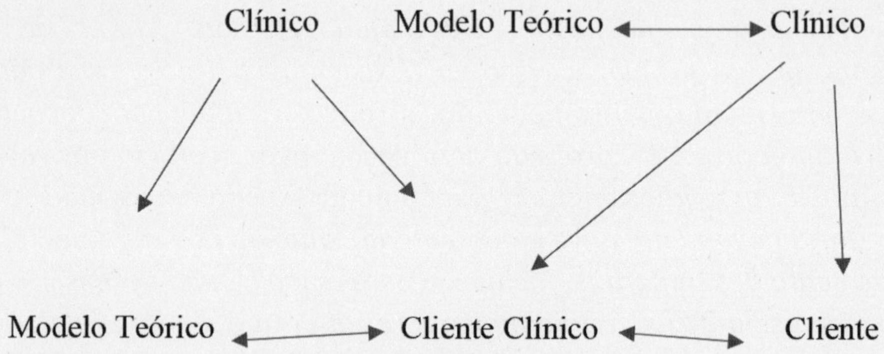

O padrão de conexão: construa um circuito baseado na demanda

Quais são as operações para implementar essa reflexividade? A operação torna-se importante ao destacar qual é o padrão de conexão (Ugazio, 1989) entre quem faz uma pergunta e nós que somos socialmente chamados a respondê-la.

O observador não pode conhecer o sistema observado a menos que se torne parte de ele investigar, por meio da relação consigo mesmo, a organização relacional que produziu estado de desconforto. O observador observa um sistema que muda a partir de seu próprio processo de observação e participação. Construir um padrão de *link* significa investigar as premissas de todas as pessoas envolvidas na relação de ajuda: tanto as premissas que levou ao aparecimento da questão e do problema/sintoma, ambos usados para responder, fazer hipóteses e construir o cenário. Essa circularidade entre observador e observado são construídos lidando com o limite que diz respeito à sua chegada contato: qual é a pergunta, porque agora, quem pergunta, quem pergunta o quê, quem se importa do problema, quem é menos, quais são as expectativas e explicações da dificuldade, o que é feito até agora para resolvê-los e, consequentemente, quais forças cada membro está disposto a implementar tais soluções imaginadas. E novamente, como entrar este sistema, como acentuar a capacidade de sintonia com os usuários e seus recursos, como definir o problema apresentado novamente, qual indicação de terapia propor, o que planejar? Também é importante investigar as premissas do clínico na decodificação da situação, como torná-las explícitas para não permanecer enredados nas redes do sistema e poder oferecer novos estímulos, fruto do encontro; como interagir propondo estímulos diferentes, mas não incomensurável com as hipóteses já exploradas. Trata-se de trazer um mapa de mapas, que leva em conta as ideias de todos os participantes e sugere um nível de maior abstração. O clínico deve, portanto, estar ciente de ter rastreado algumas distinções em um mar de possibilidades e pronto para modificar suas distinções, a fim de fazer outras realidades terapêuticas emergirem, sem ser o único a decidir o caminho.

O vínculo que se estabelece (junção) explora inicialmente tramas não verbais ativadas da necessidade de criar um espaço de transição para partilha emocional, que será repleto de hipóteses verbalizadas e gestos compartilhados. A relação não verbal é composta de operações de sintonia/dissonância em gestos, postura, distâncias, ritmo da narração, no tom, no timbre e no volume. A relação também é feita de olhares, jogos linguísticos que unem palavras-chave que se repetem, repetições, questões que emergem da curiosidade do clínico, da sua capacidade de se surpreender, e não simplificar os dados que lhe são oferecidos, pela disposição de não banalizar a realidade paciente e a possibilidade de não organizar os dados de forma única e rígida.

A capacidade de tolerar a desordem e a oportunidade de acessar muitas conexões é fundamental, mantendo a possibilidade de trazer outros detalhes da narrativa, de ir atrás deles para mudar a narrativa, se necessário.

O clínico considera-se cada vez mais um "perturbador" das narrativas presentes em terapêutica, facilitadora/desconstrutora do diálogo. Portanto, participe de uma mente comum para encorajar uma atividade de criação de sentido. Envolve-se com os membros do sistema no construir uma nova narrativa compartilhada. Cada sessão é construída com o propósito de contratar a menor quantidade de informação necessária para destacá-la e devolvê-la alterada no sentido, para criar uma realidade perturbadora. Conhecer torna-se uma ação autopoiética realizada junta e o significado emerge da coordenação da coordenação das crenças de todas as pessoas envolvidas.

Multiplicidade: assumir múltiplas posições

Tomemos imediatamente um exemplo terapêutico:

Uma mulher recentemente viúva faz terapia e fala sobre seu ódio muito forte por todos os colegas que trabalhavam com ela e que participaram da morte de seu marido, devido a um acidente vascular cerebral relacionado ao estresse com ela em uma posição de responsabilidade. São eles, com os seus pedidos, com reclamações e pobre colaboração que precipitou sua morte. O terapeuta escuta e participa da conversa. Pode concordar ou não. Ele ficará cego se permanecer em apenas um nível de narração, o do conteúdo, aceitar a premissa da mulher de que há alguém para culpar pela morte do marido. O que é que o médico arrisca não vendo "comprando" a narração da senhora? É necessário que o clínico se mova em vários níveis da narração e que você ouça a história não como um enredo único, mas identificando diferentes níveis: em um nível, o marido da senhora morreu de acidente vascular cerebral, inevitável. Para outro, ela desconta em algo externo e essa atribuição de culpa a ajuda a suportar a dor da perda. Depois, há um nível diferente, o de papéis mútuos em seu relacionamento. Após uma investigação mais aprofundada, parece que o marido era muito crítico em relação a ela, e só depois da sua morte é que ela realmente tomou posse do seu papel de "esposa". Neste ponto, a mulher recebe reforço ao desempenhar esse papel e opta por ampliá-lo, acusando alguns colegas e aliando-se, talvez pela primeira vez, ao marido, mesmo ele já morto. Depois, há o médico que não tem um papel periférico. Se aceitar a hipótese da esposa participará na manutenção do ódio e da separação entre a mulher e os colegas, tornando sua vida cada vez mais difícil. No entanto, se você perguntar como essa narrativa é útil para a senhora e como isso é adaptativo para ela, você será capaz de levantar a hipótese de a necessidade dessa mulher ficar com raiva, em vez de se submeter para dor. Ele terá, então, que não acreditar muito nas hipóteses propostas. É útil levantar a hipótese com a senhora de que seu ódio decorre da necessidade dela de se sentir "casada" com o marido que fugiu, teve casos e a tratou ruim? Será útil (quando e como) fazê-la perceber o seu aborrecimento com este homem, para recuperar a vida independente que ele soube viver muito bem? Será útil ajudá-la a se reunir com os colegas para que ela retorne a ter um bom relacionamento tanto com o trabalho que sempre gostou quanto com os colegas que foram fonte de leveza e apoio nos momentos em que se sentiu ameaçada pelo marido? Não sabemos a priori, mas entenderemos isso à medida que o processo avança, seguindo o feedback que surgir.

O que fazemos e dizemos é definido pela nossa emoção, pela intuição relacional que lentamente se torna cada vez mais refinado. A primeira tendência natural é conspirar com os clientes e, portanto, reduzir a possibilidade de interrupção, então você aprende a bagunçar as conexões e esse aprendizado envolve tomar uma posição múltiplo. Por um lado, permanecer na relação e fazer hipóteses e comentários, ao mesmo tempo refletir sobre o caminho escolhido e verificar o *feedback* e formular hipóteses alternativas para falsificar a rota. A capacidade de propor uma visão multilocular, polifônica, é prototípico do sistêmico que imbrica as ideias e emoções decorrentes de cada fonte: o sistema observado, o sistema terapêutico, o que é recuperado de literatura, experiências da vida real, o que vem da revisão reflexiva, o que surge como uma nova ordem de informação a partir da negociação entre todas as premissas em campo. A posição múltipla do clínico é, portanto, extensivamente teorizada no modelo sistêmico: um primeiro e um segundo olhar, contemporâneo e sequencial, o primeiro que atua na interação, o segundo capaz de desembaraçar-se e desvencilhar-se do campo que foi cogerado. Alguns olhares distanciados temporalmente, outros cognitivamente/emocionalmente.

Este posicionamento em múltiplos níveis semânticos e relacionais é fundamental para a reflexão.

É Bateson quem sugere que assumamos pelo menos uma dupla descrição, a fim de alcançar profundidade de campo. Fala sobre o que vemos com o olho direito e isso que vemos com o esquerdo e da diferença entre as duas percepções, ele fala em "combinar informações de diferentes tipos ou provenientes de diferentes fontes para obter algo mais do que a sua adição" (1979, p. 119). Sergio Manghi (1994), referindo-se a Bateson, propôs duas formas diferentes de conhecer: conhecimento pela consciência e conhecimento por sensibilidade. A primeira refere-se a uma modalidade finalística e consciente que permite fazer planos, aplicar técnicas e métodos, realizar verificações; o segundo é formado na experiência de sentir emoções e sensações e na reflexão constante sobre si mesmo operado. Keeney (1983) também propõe posições de observação mais contemporâneas. Um primeiro nível de dados etnográficos, nos quais são procurados pistas e *insights* (dados selecionados arbitrariamente por um observador, Laing, 1961). Um segundo nível, que organiza os capítulos em sequências possíveis por meio do processo de hipóteses e supõe possíveis leituras do caso. Um terceiro, que envolve a atividade reflexiva para que o clínico pense nas categorias que você usou para ler a situação e faça hipóteses, incluindo no sistema e analisado as narrativas que surgiram e as grelhas que lhes deram origem, para modificá-los, se necessário.

Não se trata de substituir o mapa familiar por um mais sofisticado, como psicológico (quem disse que "psicológico" é mais sofisticado?), mas para trazer à tona um mapa de mapas não muito distantes nem muito parecidos com os de cada participante: uma maneira de implementar a interdependência relacional, para ser capaz de "raciocinar" sobre essa mesma situação com todas as pessoas envolvidas e significativas.

Uso de si mesmo pelo clínico

Refiro-me às características do terapeuta que entra na relação: sua personalidade, o estilo particular e subjetivo, a posição que assume em relação ao outro, sua capacidade de vibrar emocionalmente e de encontrar a distância certa em cada situação.

Questões relacionadas à crença religiosa, etnia e, entram em jogo de forma preponderante gênero, mesmo que na Itália esses aspectos tenham sido até agora relegados à segundo plano, sendo que os clientes geralmente participam da mesma cultura que os médicos. Todas essas variáveis influenciam a qualidade das intervenções e do relacionamento.

O terapeuta é como um monólito, sempre o mesmo em todas as situações? Absolutamente não. Somos nós que devemos mudar a nossa forma de comportamento em relação aos pacientes que temos, modificamo-nos com base no contexto e na situação clínica. Você não terá um ambiente único ou uma maneira única de se comportar.

Transparência

O que importa na prática não é apenas o que você diz, mas a posição a partir da qual você diz e fala. Torna-se importante compartilhar explicitamente não apenas os objetivos dos trabalhos comuns, mas também os processos mentais com os quais o terapeuta experimenta certas coisas, para compartilhar objetivos e intenções. A honestidade de declarar explicitamente o próprio ponto de vista é importante, em posição de igualdade, nunca para impô-lo, para propô-lo. Trata-se, portanto, seja de explicitar o significado do que alguém faz como psicoterapeuta quanto para participar os próprios eventos e humores, compartilhando informações e escolhendo responder a algumas curiosidades: "Ao dizer isso quero dizer.... Não estou dizendo isso para criticar, mas....". Lá a reação que a interação amplifica deve ser explicitada para proteger o próprio relacionamento: "Quando acontece assim eu fico confuso, porque...". A transparência nos faz dizer, por exemplo: "Lembro-me de algo.... uma pessoa que veio a terapia....", "aconteceu comigo também...". É sobre a capacidade de compartilhar experiências importantes, usar aspectos universais e compartilhá-los para chegar à aprendizagem compartilhada. Pressupõe um papel ativo e uma imagem competente do nosso interlocutor: o cliente é o especialista da sua vida, é a pessoa que tem experiências digno de nota, ele é nosso igual. Somos iguais, mas assimétricos. A tensão entre mutualidade e a assimetria (Hoffman, 1994) torna-se um aspecto do reconhecimento do outro que leva a respeito mútuo.

O esclarecimento, o colocar as cartas na mesa com o outro varia dependendo de quem você tem de frente, provavelmente é indicado com alguns menos que com outros. Que risco poderia ter essa atitude e com algum tipo de usuário?

Irreverência

Muitos leitores estão familiarizados com a ideia de irreverência, considerada – como dizia Cecchin (1992) – atitude que protege contra a dependência de algo, qualquer coisa. "Trata-se da possibilidade de se rebelar contra as próprias ideias, os próprios mitos e crenças que poderiam nos prender em algum jogo 'pesado', com muito sofrimento e aparentemente sem saída. Esta rebelião às vezes pode ser a única oportunidade de mudança. A irreverência se manifesta em relação às próprias ideias, não os dos outros." A irreverência distancia-se das manobras racionais do modelo de introduzir ironia e diversão na sessão, para que a colaboração emocional desenvolva bases para a mudança por parte do cliente e do médico.

Trazer à tona uma realidade viável

O clínico deve ser capaz de obter disponibilidade e atenção, oferecendo disponibilidade e atenção por sua vez. Deve refletir o usuário, iluminando os aspectos de força, os recursos e todas as possibilidades evolutivas que se apresentam. Depois de obter consentimento para criar um espaço de suspensão em relação às grelhas de leitura habituais, intervém um desconstruir as premissas e propor novos pontos de vista. Tudo isso é possível somente se uma relação de confiança tiver sido estabelecida. A confiança mútua significa, por parte do clínico, sentir o seu envolvimento no projeto de trabalho e a energia para realizá-lo depois de você. Por sua vez, o cliente deve sentir-se respeitado e receber informações relevantes suficientemente coerentes com quem acreditam ser e como se sentem. Informações em que ele reconhece, mas que ao mesmo tempo o surpreendem, isto é, introduzem novidade e forçá-lo a repensar seus mapas para revisá-los. Uma realidade viável é também aquela realidade terapêutica não conclusiva, na qual o risco de resultados indesejados foi levado em consideração e a necessidade de um pensamento processual e evolutivo, em constante evolução.

Respeite a si mesmo e aos outros

O respeito é um dos ingredientes na construção da dominação consensual. Substitui a relação de poder típica da psiquiatria antiga e dos relacionamentos linhas unidirecionais de Medicina. "Curiosidade e atenção estética ao padrão de conexão gera respeito, assim como respeito gera um sentimento de curiosidade e estética", afirmou Cecchin, indicando-os como os ingredientes fundamentais sem os quais não há abertura mútua, em qualquer contexto de partilha. A dimensão de respeito deriva da posição "humilde" e curiosa do clínico que sabe que não sabe e usa a ignorância de alguém para agir para saber. Kant foi o primeiro grande filósofo ocidental a colocar o respeito pelas pessoas no centro da teoria moral, insistindo que as pessoas são um fim em si mesmas, com uma dignidade absoluta que deve ser sempre reconhecido.

Por um lado, é a capacidade de aceitar a pessoa com os seus sintomas, as suas próprias histórias, suas tentativas de administrar o sofrimento, por outro, de dar autoridade a nós mesmos ao relacionamento que se formou e ao trabalho que está sendo feito em conjunto.

Quais são os ingredientes do respeito? Aceite as ideias de todos, a possibilidade de não tomar uma posição, a necessidade de fazer as ideias fluírem em um processo polifônico, permitir dúvidas, não precisar tirar conclusões, ser irônico, são todas operações que impliquem uma repercussão empática notável e compartilhada. Eles implicam também que o clínico assume múltiplos papéis: facilitador, às vezes advogado do diabo, construtor das narrativas propostas, controlador do fluxo do discurso, aligeirador do clima emocional, capaz até de induzir crise, pedagogo, ombro para chorar... Respeito, responsabilidade e reciprocidade tornam-se operações fundamentais.

Espontaneidade e autoridade

Estar no aqui e agora da relação com o outro nos parece fundamental. Faça/diga espontaneamente significa confiar no processo em andamento, mas não ser pego pelo sol das reflexões; ser capaz de refletir simultaneamente sobre a estratégia necessária e categorias utilizadas, quando a situação não flui. Acesse o processo primário e proponha um pensamento abdutivo que utilize as associações que vêm à mente, que proponha histórias e metáforas, quem sabe rir da situação atual ampliando seu lado irônico, o adaptativo sempre. Concordo com Semerari (1991) sobre que a necessidade do clínico é considerada um interlocutor autorizado, de modo que as informações que propõe podem transformar a autoimagem do cliente e torná-lo disposto a colocar novos comportamentos que estão ocorrendo.

Capítulo 7

Escolhas e caminhos: o diagnóstico do diagnóstico

Umberta Telfener

"Cada vez que hajo no aqui e agora, não apenas mudo a mim mesmo, mas também mudo o universo".
HvF

"Toda dor é suportável se você a colocar em uma história ou contar uma história sobre elas".
Karen Blixen

Alguns modelos clínicos caminham numa dimensão diagnóstica que considera a prioridade é identificar sinais, traços e características de um paciente com base em concepções preestabelecidas de sintomas, síndromes e doenças que são então confirmadas e reconhecidas. Por exemplo, falam sobre "fobia" e não se referem simplesmente a uma pessoa que manifesta certos medos, mas também a uma patologia específica, com fases e caminhos já estabelecidos a priori, a uma teoria específica sobre a construção daquele comportamento particular. Nessa perspectiva, traçam-se categorias e buscam-se e, portanto, encontram-se estruturas com limites precisos e, pelo menos formalmente, não sobrepostos. Ou seja, vamos construir um mundo na própria observação que está em relação a categorias preexistentes na mente. O risco é o de criar uma definição ou estrutura iatrogênica: isto é, é possível fazer uma construção diagnóstica perfeita sem ter entendido nada da pessoa que está à nossa frente, não foi levado em consideração o que é peculiar à pessoa e à sua subjetividade, pois não condiz com as categorias de referência utilizadas.

O diagnóstico é realizado por meio de um procedimento *top down*, a partir de categorias pressupostas consideradas como sistemas fechados de sinais sintomáticos e patológicos (Farmer et al. em Saraceno, 1995). Ou seja, o diagnóstico não é possível fora da taxonomia e do sistema implícito de pensamento acabam tornando reais as consequências e consequências respostas, ativando e verificando o conteúdo das premissas implícitas.

Este sistema não é apenas uma forma de abordar um único distúrbio e comportamento, é também uma filosofia que impulsiona a investigação e envolve grandes investimentos das empresas farmacêuticas, está estruturado em leis sobre política psiquiátrica, orienta organização dos serviços de cuidados e, paradoxalmente, intervém na determinação e na ativação de circuitos de desconforto e doença (D'Angiò, 1996).

Este modelo está evidentemente repleto de consequências não só para aqueles que o partilham, mas também, para aqueles que se opõem a ela. Na verdade, aqueles que desde uma posição radical rejeitam o diagnóstico – predominantemente psicólogos sem formação psicopatológica formal – acaba flutuar, durante uma jornada terapêutica, entre concepções diferentes e muitas vezes opostas no mesmo paciente. Isso é perigoso por dois motivos:

1. se você não tem categorias privilegiadas em relação aos níveis de observação são muito mais fáceis incorporado e neutralizado pelo sistema e perde-se a posição firme;
2. se eles não têm categorias que você não consegue nem construir hipóteses e então um planejamento terapêutico e mais uma vez ficamos à mercê do sistema, correndo o risco de nos tornarmos elementos homeostáticos.

Em nossa opinião, é necessário recuperar outra visão diagnóstica mais ampla, abandonar o medo inspirado neste conceito, medo muitas vezes justificado.

Para nós, um diagnóstico é um sistema de escolhas e caminhos, uma operação de decodificação e organização de elementos que não podem ser definidos a *priori* e que apenas assumimos como sinais. Cada um de nós emite uma série quase infinita de sinais e diagnósticos torna-se a possibilidade de apreender aqueles elementos considerados significativos por um determinado sujeito que utiliza um modelo de construção da realidade, e reorganizá-los, colocando-os uns em relação aos outros, numa estrutura coerente de significados. O diagnóstico surge "sistema observador" e não se baseia apenas em construções a *priori*, independentes de pessoas envolvidas.

Ao afastar-se criticamente de uma concepção que reduz o diagnóstico a um procedimento, um algoritmo inicial, e sempre considerando-o uma pressuposição necessária para qualquer intervenção, pensamos que é possível reavaliá-la por si só dimensão dinâmica de elaboração progressiva de escolhas e construção de caminhos, dentro da relação terapêutica contínua. Na verdade, pretendemos usar um conceito diagnóstico muito amplo e desmedicalizado, entendendo-o como uma série de escolhas inevitável. Gostaríamos de definir os critérios que orientam estas escolhas terapêuticas, não com base em pressupostos de verdade, bem como de utilidade e coerência tanto para o modelo escolhido quanto para situação clínica no aqui e agora do encontro. A tentativa é reavaliar o diagnóstico, imaginando muitas operações de escolha, e tentando traçar suas restrições e possibilidades.

Vêm-me à mente as palavras de Boscolo, que nos treinos sempre apoiou como há menos psicóticos na Itália do que nos Estados Unidos, porque o Serviço Nacional de Saúde funciona "pior" (e ele diz isso com admiração e orgulho!) e a mesma pessoa vem diagnosticada de cinco maneiras diferentes em cinco serviços diferentes. Isto é, segundo ele, a salvação do usuário que não está preso a uma visão única e rígida e imutável, e tem a possibilidade de não se tornar crônico.

Propomos, portanto, definir com um pouco de clareza o que níveis de escolha que os operadores podem implementar: quais são os níveis de observação privilegiada, como as principais categorias para procurar e as decisões a serem tomadas em conformidade. Propomos emancipar-nos da reivindicação de "coloque tudo em ordem" e lembre ao leitor que não é possível saber exaustivamente um sistema, como explicamos na seção anterior.

Diagnóstico como uma escolha subjetiva de sinais

No encontro com todo fenômeno psicopatológico o clínico – seja psicólogo ou psiquiatra – não pode limitar-se a operações diagnósticas "estáticas", entendidas como mera classificação dos sintomas e objetivos e posterior identificação e nomeação das síndromes definidas. Porém, o clínico que se posiciona em relação ao usuário (teoricamente, tecnicamente, metaforicamente, fisicamente) "faz escolhas constantes e progressivas" (diagnoskein significa escolher), que levam em conta os diferentes níveis contemporâneos e a leitura cruzada: uma miríade de elementos cujo único ponto significativo de agregação é dada pela imbricação entre eles e pela coerência com relação à narrativa em agir.

Contudo, nem todos os sinais que emergem são reconhecíveis como significativos. Tudo está bem pessoal em cada sessão, oferecendo ao clínico apenas uma pequena parte de sua "verdade", e isso se modifica no encontro terapêutico, pois são os clínicos que o reconhecem como sinalizadores de elementos, que para outros não teriam valor informativo: a mesma frase assume significados diferentes para diferentes interlocutores e oferece diferentes informações a partir dele ao ouvinte, ao contexto, à situação emocional que foi construída, à história do relacionamento contínuo.

Ou seja, a subjetividade é uma dimensão central e incontornável que, em qualquer caso, determina escolhas, direciona investigações e ativa respostas, efetivamente construindo caminhos irrepetíveis que agregam comportamentos e catalisam emoções. O fulcro de o diagnóstico, portanto, não nos parece eliminar essa subjetividade, mas conhecê-la, gerenciá-la, usá-la. Quais são os sinais significativos? Como podemos pegá-los? Como está aí, vamos nos organizar entre si? Como fazemos nossas escolhas? Como decidimos que esses sinais e nenhum outro é significativo?

Um homem de quarenta anos chega com um pedido de terapia individual. Ele se senta, braços firmemente cruzados, olhando para um canto da sala. À pergunta inicial sobre o que o levou a procurar esta entrevista, ele responde a um longo silêncio. A um encorajamento subsequente, em que lhe é indicado que ele é uma ajuda, pressupõe sua possibilidade de comunicar seus problemas, ele diz que partirá então da "metanarrativa clínica de sua neurose fóbica obsessiva cuja fenomenologia é representada por rituais para evitar contaminar-se com sujeira" (sic). Ele fala de forma desapegada, rígida e inexpressiva sobre suas três terapias anteriores, comportamental, junguiana e "mitológica" (?) e as concepções teóricas que os três terapeutas tinham de seus" núcleos existenciais não resolvidos como elementos estruturantes de sua fenomenologia patológica". Então ele fecha novamente no silêncio.

Quais são os elementos que o clínico considera significativos para o seu diagnóstico? Sem limite ao sintoma descrito? Basta saber que o paciente tem medo de se contaminar com a sujeira para decidir o nome de sua doença e fazer as escolhas consequentes da cirurgia? Ou existem infinitos outros sinais que orientam o pensamento do observador e que determinam, momento a momento, o caminho escolhido para prosseguir com a investigação? Para onde esse conhecimento leva? Além do conteúdo e do "não verbal", quanto o que importa é a forma de comunicação, o seu estilo, a emoção contida, comunicada e solicitado? Que valor assume a "metanarrativa" do paciente dentro da relação?

Falar de diagnóstico é, portanto, uma forma de falar do próprio modelo clínico, da forma como fazemos escolhas contemporâneas e sucessivas inerentes a muitos planos de observações diferentes, mas sempre presentes ao mesmo tempo. Escolhas que dependem da fase do processo em que acreditamos estar, do cenário que escolhemos, do julgamento que fazemos da situação, nos pressupostos teóricos que orientam o nosso pensamento e, em última análise, dependem de quem somos.

Dona Maria A. solicita entrevista. Ela parece bem-vestida, um pouco acima do peso, afirma ser divorciada, ter uma filha de 23 anos que mora com ela e ser professora; mostra um olhar inteligente e curioso e disponibilidade para relacionamentos. Ela ligou para pedir uma entrevista e ao telefone foi muito evasiva em relação às dúvidas do clínico para investigar o motivo da solicitação. Assim que entra no estúdio, ela diz "Espero não começar a chorar".

Quais são os seus motivos para chorar? A senhora imediatamente começa a falar sobre o seu problema e diz que tem uma filha que há dois anos, após ataques de pânico, após um baseado de maconha, não sai mais de casa. Desde então, as duas mulheres têm se sentido muito mal, "porque minha vida já dura dois anos sobre."

Do que a mulher está falando? Ela está contando a história da filha que teve ataques de pânico ou está falando sobre si mesmo por meio do colapso evolutivo de garota ou, novamente, é sobre o relacionamento delas? Ela está mostrando sua fragilidade emocional e, por meio disso, ela envia mensagens e faz as questões? A história é "real", é uma metáfora, é uma construção narrativa distorcida, é um delírio franco? Quem está trancado em casa e por quem? O que é "melhor" a fazer: apoiá-la no choro, relacionar sua história com a de sua filha, conectá-la com o ex-marido, com a situação de vida atual, com uma possível outra relação afetiva, com sua família de origem, com seu trabalho atual...? Como é que o clínico está na narrativa? Todos são caminhos alternativos possíveis que envolvem diferentes planos simultaneamente em jogo. Existe um nível "externo", imediatamente perceptível, relacionando-se com o que aparece da mulher: a narração, o choro, a forma de se comunicar; então há um nível "interno" subjacente a esta fenomenologia, e um nível "relacional", contato imediato com o médico. Há o conteúdo narrado, relativo ao seu comportamento e ao da filha, existe a possibilidade dessa história ser um espelho/parte complementar/funcional da história das mulheres; tem o médico que diagnostica ataques de pânico, elemento da realidade e parte determinante do mundo da filha ou da mãe ou de ambos; e existe o sistema ainda mais externo, isto é, a família a que se pertence, o marido do qual ela está divorciada e que parece periférico. Todos estes níveis estão certamente implicados no pedido de entrevista, em choro, em claustrofilia.

Os caminhos da investigação não decorrem apenas do enfoque nos problemas e ampliações de tópicos. Eles são principalmente modelos de referência mental de se observar, perspectivas que catalisam e agregam sinais, sintomas, elementos que surgiram e são capturados. Assim, podemos construir o diagnóstico a partir dos conteúdos depressivos da história da mulher e a maneira como essa pessoa específica narra sua história específica.

E novamente da interação entre a história e as formas de narrar, da congruência/ inconsistência entre palavras e substrato emocional, entre estes e emoções pontualmente transmitidas. Podemos fazer o diagnóstico emergir – finalmente – das nossas reações à história e para a pessoa. Tudo isso acontece de forma mais ou menos consciente, em um tempo incrivelmente curto resumindo: Kendell relata que médicos experientes chegam a um diagnóstico nos estágios iniciais minutos de interação, Gauron e Dickinson falam de um tempo que é até compreendido entre trinta e sessenta segundos. Tudo isso evidentemente leva a escolhas subsequentes profundamente diferentes e à construção de diferentes realidades terapêuticas. Decida se uma pessoa é neurótica ou psicótica, se for capaz de voltar ao caminho certo, se for perigosa para si mesma ou para os outros, se tolera a emoção, se é introspectivo, se é controlável, leva-nos a nos dirigir em tópicos e níveis que, por sua vez, ativam tópicos e elementos que reutilizamos corrigir ou melhorar o quadro diagnóstico e fazer novas escolhas, que ativam novos elementos. Os níveis são, no entanto, interdependentes e mutuamente determinados: como proceder entre eles é uma escolha que depende da individualidade do clínico, da sua tolerância da incerteza ou da sua necessidade de referências precisas.

Vamos tentar analisar melhor alguns desses níveis.

A. Diagnóstico conforme leitura do padrão de conexão

Acreditamos que seja importante entender o pedido para estruturá-lo inicialmente uma fase de análise do contexto semântico em formação, uma fase de consulta que mover-se em diferentes níveis na coleta de informações.

Consultor: "Quem te deu meu nome quando você decidiu me consultar?"

A senhora, com o anterior entusiasmo (mais um elemento selecionado para o diagnóstico nos primeiros momentos da entrevista), foge das perguntas e inicia uma descrição de seu estado de desconforto, principalmente na escola, com suas crianças em idade escolar e depois para casa com a filha.

Consultor (pretendendo definir o relacionamento e ser quem dita as regras): "Preciso de algumas informações preliminares e depois ouça atentamente seus problemas. Quem deu meu nome a ela?"

Qual é o contexto em que o paciente faz sua solicitação? Que significado isso expressa sendo formulado? Por que a senhora veio para a terapia agora há pouco? Lazio (1989) sustenta que o pedido de terapia é a expressão das mesmas premissas que estão presentes na base no início da patologia. O autor analisa os **padrões de conexão** para terapia (quem liga, quem é informado da ligação e do problema, quem está disponível para comparecimento à sessão, a dinâmica do encaminhamento...), as expectativas (o conjunto de solicitações implícitas e explícitas que são dirigidas aos terapeutas, as forças do campo), para refletir sobre a maneira pela qual o sistema se conecta imediatamente ao sistema terapêutico.

Por qual caminho a senhora chega à entrevista? Qual deles ele acha que é problema dele, como você explica para si mesmo e para o médico? O que ele deseja alcançar, a quem ele comunicou isso? Sua escolha e quem sabe ele está aqui agora? Aqueles que consideram o seu problema importante, aqueles que o deixam preocupações e como, quem mais participa através dela do jogo relacional que já você vê o terapeuta envolvido? Que tentativas foram feitas até agora para "curar" a si mesmo ou para mudar a situação, quais são suas fantasias sobre qual terapia irá iniciar?

Então, o que você espera e para o que você tende, para qual ideia de bem-estar?

A Sra. A. foi enviada por uma amiga, já usuária do estúdio e satisfeita com os resultados obtidos. Ela decidiu vir porque estava exasperada com o comportamento da filha e com a progressiva falta de liberdade na vida dela. Seus ritmos diários são marcados pela filha: um terrível sentimento de culpa também a invade só quando ela a deixa em casa pela manhã para ir trabalhar, mesmo nesse momento que está aqui. Por cerca de um ano a senhora não dorme bem à noite e desistiu completamente da vida social; ela só vê o seu próprio atual companheiro – definido como "muito paciente" – nas horas vagas que ocupa do trajeto entre a escola e a casa. Parceiro cuja existência a filha desconhece.

Ela atribui seu desconforto à prisão a que se forçou, com a crença de que ainda tinha que fazê-lo mãe em tempo integral. Ela quer terapia para si mesmo, para se encontrar e compreender suas emoções. Sim, ela se sente pronta para "se livrar" da filha. Ela tem a fantasia de ser capaz de abrir espaço para si mesmo e acredita em si mesma disponível para melhor medir a sua "generosidade", mas para isso necessita de um interlocutor que a ajude.

B. Diagnóstico como análise do sistema observado

Existem diferenças entre quem fica em casa porque não encontra motivação suficiente para sair e sente que "tudo é inútil", e quem não sai por medo de ter um infarto, entre aqueles que temem ser espionados e atacados e aqueles que têm medo de serem dominados por seus próprios impulsos. Decidimos quase imediatamente que tipo de transação nos espera na frente e consequentemente construímos diferentes realidades terapêuticas: marcamos consultas em momentos diferentes, usamos uma linguagem específica, implementamos ações diferentes se acreditamos estar lidando com um psicótico ou um neurótico. Podemos organizar uma conversa sobre restrição, fracasso ou suspeita, como diferentes situações.

O paciente tende a trazer para a terapia seu próprio sistema de coerências, composto de elementos conectados entre si por vínculos bem estabelecidos. Essa narrativa se apresenta como uma concha translúcida, não facilmente atacada, de caminhos mentais já explorados e repetitivos: histórias, relacionamentos, emoções e comportamentos. O risco do diagnóstico é limitar-se a observar, detectar, "medir" o que aparece na superfície de tal nível externo, acomodando-se a ele e confirmando de fato a imagem de "fachada", aquela já refletida e reforçada nas relações pessoais.

Diagnosticar o sistema que temos diante de nós, no entanto, é uma operação que requer comparações adicionais, isso com as diferentes síndromes e com características de personalidade, com as ideias que eles mantêm a patologia e as emoções que a acompanham. Que ideias justificam padrões interativos repetitivos? Quais são os elementos de estabilidade e quais são os processos de mudar implementado pelo paciente? Qual é a conotação afetiva que caracteriza todas essas dimensões? Para nós, a unidade de observação na clínica não são os indivíduos, mas sim, os processos mentais, transversais às unidades sociais. Para outros, eles podem ser seus padrões de apego e desapego, para outros ainda os de cooperação ou afiliações, habilidades sociais. Para alguns, todas essas coisas e muito mais.

A senhora que chega aos prantos devido aos ataques de pânico da filha está exagerando? Como a filha explicaria o problema da mãe? O "sintoma" em jogo é representado pela claustro filia da menina, pelo seu choro de mãe ou pelo seu exagero? Em suma, com o que nos deparamos? E quais são os pontos fortes da senhora e o sistema mais amplo que a incluem? Quem devemos convocar após esta primeira fase de análise de demanda? Propondo qual caminho e qual cenário?

Mesmo num diagnóstico "objetivo" os sintomas não podem ser considerados como elementos isolados, desvinculados do contexto mais amplo representado pela pessoa em seus aspectos "saudáveis", que influenciam o significado desses sintomas. A mulher de quem estamos falando tem crises de choro, ansiedade, pânico, mas também cabelos cor de cobre, marcha confiante e usos para descrever o apenas entre o pânico com uma voz alta e um tom agudo. Também revela muitos outros sinais de alusões a coisas aparentemente completamente incongruentes com o que ela diz (ou pensa que diz) no plano de sua narrativa. Os sinais nodais para a análise do sistema observado são nosso julgamento das **dissonâncias**, o que não concorda, as inconsistências que, apesar de si mesmas, a pessoa manifesta entre o que ela diz e como ela diz. As micro emoções não são consistentes com o conteúdo expresso; rachaduras e variações no tom da voz; as suspensões de discurso que abrem "fendas" num mundo interno de significados; a camada intermediária, a forma geral usada na narrativa. Procuramos leis locais que não sejam abstratas e universais, não a-histórico e imutável.

No caminho que o clínico constrói, os signos se conectam – independentemente do sonográfico a *priori* – em modalidades transversais que atravessam categorias diagnósticas e que relacionam o indivíduo ao seu sistema, segundo a lógica da sincronicidade:

A senhora queria separar-se há sete anos, apesar da forte oposição do marido que ainda queria, que a insultou, a traiu e não trouxe dinheiro para casa. Desde então, ela sente que o homem quer se vingar, opondo-se a ela de todas as maneiras. Há dois anos, o mari-

do dela disse-lhe que quando a filha tivesse idade suficiente para ir trabalhar, ele iria retomar à casa onde ela e a filha moram. A senhora relata estes acontecimentos sem ligá-los minimamente aos sintomas da filha, que ela atribui ao tabagismo e a uma certa timidez do personagem. A história que ela traz para a terapia diz respeito apenas a ela e à filha, não há outras figuras importantes implicadas. Como reagirá a um alargamento do contexto semântico, se ligarmos os sintomas ao pai/marido que quer retomar a casa, talvez atue para proteger a autonomia prejudicada da filha, da mãe e da casa? Que efeito isso poderia ter na ligação entre a permanência da sua filha em casa e a tentativa de manter a casa para os dois? E ao impedir que a senhora reconstruísse a sua vida diante da filha em si?

A perspectiva contracionista destaca cada vez mais o aspecto idiossincrático de cada situação: como o sintoma é consistente com as premissas do sistema, de que forma é o epifenômeno de uma tentativa de solução que se tornou o problema.

C. O diagnóstico sobre o relacionamento, sobre o sistema de observação

A solicitação encontra uma definição e adquire significado internamente da relação com o clínico, que acolhe – responde – pergunta – reflete e passa essas ações fazendo escolhas. Este é o terceiro nível de observação que utiliza a subjetividade como instrumento de escolha.

Voltando ao primeiro caso narrado, o que representa o silêncio do paciente? O que esse silêncio quer induzir o ouvinte/médico a dizer ou fazer? Por quê? Quão útil sim você está esperando para receber o paciente fazendo esta tentativa de ativação? É evidente a tentativa de iniciar um jogo absolutamente complexo em que a comunicação não é de conteúdo (na verdade inexistente), mas é funcional para estruturar as regras da transação e para criar um efeito na comunicação compartilhada. Provavelmente, é a apresentação de um modelo de comunicação antigo e bem estabelecido, que visa induzir o clínico a se envolver, atribuindo-lhe um papel controlado em um jogo conhecido, tentando de alguma forma uma confirmação do sistema de estabilidade cognitiva de alguém. No entanto, o relacionamento também é estruturado sobre o que o terapeuta sente e faz, mesmo sobre o que ele não implementa ou simplesmente propõe. O que se sabe sobre o paciente é, portanto, o que é dado dentro desse relacionamento específico construído em conjunto. Nada pode ser conhecido sobre sua "realidade" fora este dado contexto relacional.

A Sra. A., na terceira sessão de aconselhamento, afirma entre outras coisas: "em vez de fazer isso eu me mato!", e "aquele" vai comprar pão e deixar a filha sozinha em casa. É comunicação hiperbólica ou é o índice de uma relação exagerada com a realidade (consigo mesma, com a filha, com o clínico, com o novo companheiro?).

Parece que pequenos elementos perdem os contornos, adquirem significados grotescos, paralisando-os nos espaços apertados, limitando sua liberdade de movimento, provocando ataques de pânico nela também. Afinal, segundo a mãe, as convulsões da menina também foram desencadeadas por uma articulação. Como o clínico reage diante dessa afirmação da senhora? Que emoções elas despertam? Que reações você acha que deveria implementar diante de tal comunicação? De que forma, além disso, tudo o que ele disse ou não disse, fez ou não fez, o médico poderia justificar uma afirmação tão exagerada?

O clínico está ativamente envolvido na rotina de antecipações e ativações mútuas e responde-lhes de maneira peculiar (Rotondo, 1983). A óptica, a análise passa então do que a família faz e do que é possível olhar através de um espelho unidirecional ou de uma gravação de vídeo, para entender o que são construídos juntos, por meio de relacionamentos entre todos aqueles que compartilham o mesmo cenário, feito de espaço e tempo. O clínico também faz parte do processo, com suas reações com base em suposições sobre a situação, bem como em suas idiossincrasias específicas.

As pessoas chegam à sessão apresentando comportamentos, pensamentos, emoções, crenças e hábitos que acolhemos e depois inevitavelmente redefinimos, devolvendo-os através do espelho, representado por quem somos, pelos nossos pressupostos teóricos (que fazem com que a realidade do outro seja lida justamente dessa forma), a partir das narrativas que emergem na ligação entre as suas ofertas e a nossa disponibilidade, fruto da relação que existe decidir. Qualquer narrativa está bem? Absolutamente não. As organizações que as pessoas nos trazem têm uma coerência própria, independentemente dos sintomas, e está no perturbar aquela coerência com a qual normalmente trabalhamos.

D. O diagnóstico do diagnóstico

Que ideia tenho da situação que me foi descrita? Se ouvirmos um paciente e pensarmos que os seus sintomas são "curáveis" ou consideramos que é perigoso, as nossas experiências e as nossas intervenções serão diferentes. A ideia que temos da situação influencia em como filtramos a escuta e o que surgirá na sessão (e isso também é verdade por parte dos chamados usuários). Isso afetará o que ouvimos e as perguntas que fazemos. Se pensarmos na situação como evolutiva ou estática, seremos capazes de produzir um processo fluido em andamento ou fotografar a situação e assim torná-la crônica. O aspecto pessoal entra bastante no processo de diagnóstico. Para isso, é necessária outra operação observação/escolha que diz respeito à inevitável reflexão e, por vezes, à redefinição de categorias utilizadas, dos caminhos escolhidos: ou seja, investigamos quais são as restrições e quais as possibilidades dos conceitos utilizados. Uma reflexão sobre as grades que eles trouxeram à identificação desse caminho entre os muitos possíveis. A este respeito ele escreve (1991):

Torna-se importante refletir sobre as categorias utilizadas e implementar um processo segunda ordem: uma reflexão sobre as categorias que deram origem às categorias emergentes. Provavelmente a ideia de um diagnóstico que se esgota a pesquisa e categorização dos elementos leva à construção de um sistema, um todo fechado, em que cada vez que se encontram alguns elementos "fortes" parece que chegamos a uma conclusão diagnóstico definitivo. Em vez disso, imagino que esses elementos, esses sinais, possam ser lidos como um epifenômeno, uma aparência em relação a uma realidade que emerge de nossas construções desses signos. O sintoma também pode ser falso ou um ponto de partida. Porém, caminhos são traçados e traçados entre os elementos que existem eles sempre e em qualquer caso destacam caminhos que poderíamos definir como "diagnósticos". Essa recursividade entre o que vemos e como organizamos o que vemos não pode ser ignorada numa posição autorreflexiva: qual é a relação que se construiu? Como foi construído? Quais categorias eu usei? Eles são úteis ou não? As perguntas que o médico deve fazer a si mesmo são múltiplas.

O clínico terá que se perguntar por que continua a ler a história da Sra. sintomas e a relação com a filha. Este link *é útil ou desvia a investigação e desqualifica o problema apresentado pela senhora que pediu ajuda? Talvez fosse mais útil relacionar insônia e ansiedade com outras situações relacionais? Qual? Poderíamos ver a situação apresentada de outro ponto de vista, que em vez de arriscar, fixar-se numa hipótese relacional que também implica o pai? Que papel desempenha o companheiro periférico da senhora? São demasiadas ligações propostas, demasiadas distantes da coerência da narrativa original? Como, como clínico, estou interpretando o relacionamento e como posso expandi-lo confiar?*

É importante compreender como e sobre o que construímos as nossas encostas. Não porque eles são certos ou errados, mas porque podem ser mais ou menos evolutivos ou homeostáticos, consistente com o sistema ou muito dissonante, significativo ou incompreensível para nosso interlocutor. É importante não defender as suas próprias hipóteses, considerá-las parciais e limitadas, válidas temporalmente se forem consistentes com a conversa em andamento.

Diagnóstico como organização de sinais

Revele as emoções subterrâneas, os eventos significativos, a dinâmica das relações relacionais implícitas e explícitas, construindo hipóteses a partir das premissas dos presentes, permitindo-nos construir um enredo que conecte elementos que se destacam de um fundo denso de sinais. Estes sinais não estão inscritos na situação, são pós-escritos, porque a pessoa vem com uma infinidade de elementos e é o processo contínuo que define quais deles escolhe e o caminho que você constrói. Uma construção diagnóstica torna-se assim a capacidade e a arte de escolher alguns dos inúmeros elementos que o cliente traz registados na própria realidade e reconectá-los em visões significativas e significativas para o indivíduo.

São essas "construções" que explicam o fato de que, entre 100 possíveis terapeutas, sim estabelecem-se infinitas possibilidades diferentes de caminhos terapêuticos, a partir de uma mesma sintomatologia.

Dona A. não tem apenas uma filha, ela tem um companheiro e um pai; o pai sofreu a perda de sua mãe por cerca de quatro anos. Ele também tem um emprego, muitos colegas, um diretor de escola com quem mantém uma relação ambivalente.

Cada uma dessas áreas influencia seu relacionamento com a filha e consigo mesma. Em que fase do ciclo de vida ela se encontra? O que você espera para o futuro? Ela considera dormir pouco um trunfo que lhe permite viver mais ou você considera isso um dano, um sinal de preocupações maiores, de problemas não resolvidos? Houve outras fases da sua vida em que diminuiu suas horas de sono? O clínico se torna quem, captando alguns dos sinais possíveis entre milhões de sinais presentes, de elementos cindidos, estilhaçados, secundários, contraditórios para quem os emite, os traz à tona e os negocia para chegar a um "novo e diferente", organização coerente, uma narrativa plausível e significativa compartilhada com todos os interlocutores presentes.

Diagnóstico como um processo

Ao sustentar que o diagnóstico não é um momento estático, pretendemos reiterar que não é definido de uma vez por todas, funcional à escolha de uma terapia específica, no ingênuo suposição de uma relação linear entre patologia e tratamento, nem pode ser circunscrita às fases iniciais de avaliação. É uma avaliação recursiva, um monitoramento constante do percurso terapêutico e das decisões envolvidas.

Qual é a relação entre as redefinições do operado e o *feedback* do paciente ou de outras pessoas significativas? Que atenção é dada a conteúdos explícitos e que implicações podem ter? Houve alguma mudança? Quais são as emoções que pairam no contexto terapêutico? Quando assumir um fim? Propor terapia, aconselhamento, apoiar entrevistas, encaminhar o usuário para outras pessoas colegas que realizam diferentes intervenções, peçam conselhos a outras pessoas antes de operar qualquer escolha, mande os usuários para casa após uma análise aprofundada da demanda e uma redefinição, todas essas são possibilidades abertas. Quem convocar? De acordo com que horas, com qual configuração? O que a situação exige? Como intervir, o que propor na fase mediana da terapia? E novamente, para quem ligar para a próxima sessão? Manter ou alterar o horário da reunião? Como os caminhos propostos podem amplificar ou limitar o potencial evolutivo do sistema neste momento?

Os diagnósticos que se sucedem no processo terapêutico não se justapõem de visões divergentes para oscilar entre elas. Sua variação é parte integrante da evolução da relação e está sempre dependente de um critério de plausibilidade com respeito ao mundo das consistências do paciente. São consideradas "correções de curso", situações progressivas de comparação e integração da "realidade" do paciente e da narrativa compartilhada e levada adiante: dessa forma, ao se inserirem no processo, eles o determinam como seus momentos constitutivos.

Terminadas as três sessões de consulta/análise da questão, a Sra. A. é convidada a refletir sobre a necessidade/possibilidade ou não de se libertar da filha e sobre os possíveis caminhos para que isso aconteça no futuro próximo. O final da sessão é acompanhado de uma carta dirigida à filha, construída durante a sessão com a mãe, na qual são relatadas algumas hipóteses relacionais ligadas à dupla sintomatologia de mãe e filha, carta que é solicitada ser lida junta com a menina, para depois discutir as hipóteses envolvidas. O próximo compromisso fica em aberto: a data está marcada, o convite é para as duas. Quem comparecerá à consulta dependerá da escolha das duas mulheres.

O constante processo de escolha faz parte do tratamento justamente por ser co-construído e temporariamente estar em fluxo. A terapia torna-se, portanto, uma desestruturação do mundo pressuposto e as certezas de todos os indivíduos envolvidos no processo, uma desconstrução constante de significados, hipóteses e regras. Nossa tarefa não é por alternativas, mas envolver-nos na relação e correr riscos juntos, ajudando o paciente – apoiando-o no sofrimento da desilusão e da descoberta – questionar, flexibilizar e reorganizar suas próprias grades por meio do uso que lhes permitimos fazer dos nossos pensamentos, nossas emoções e nossas visões dele.

Capítulo 8

A mudança da mudança

Mudar a si mesmo ou liberdade de pensamento.
Marco Bianciardi

Na Psicoterapia, também há a análise da pergunta e a entrevista "diagnóstica", sendo momentos puramente cognitivos e separados do processo psicoterapêutico propriamente dito, eles imediatamente abrem algumas possibilidades evolutivas ou de mudança na formação movimentos de abertura, um encontro entre pessoas que não deixam "as coisas como estão", mas sim caracterizado, desde o início, como um processo de mudança.

A questão é que a mudança que ocorre na Psicoterapia não pode, em nenhum caso, ser considerado um processo simples e linear: ou seja, não pode ser lido de forma redutiva e dentro de uma lógica de causa-efeito, como se as intervenções do terapeuta fossem a "causa", e quaisquer mudanças reconhecíveis o "efeito". Afinal, nenhum psicoterapeuta descreveria sua intervenção nos mesmos termos em que ele vem descrevendo a intervenção de um mecânico que trabalha em uma máquina ou de um cirurgião realizando uma operação em um corpo anestesiado.

É bom lembrar, entre outras coisas – mesmo que este não seja o lugar para entrar em mais detalhes o argumento – que eles ignoram a complexidade dos processos de mudança em Psicoterapia, quase sempre é improdutivo e muitas vezes pode ser perigoso.

O desejo do psicoterapeuta

Em primeiro lugar, perguntemo-nos brevemente sobre o desejo do psicoterapeuta. Aqueles que exercem a nossa profissão são evidentemente motivados pelo desejo de ser útil para quem se apresenta relatando um "sintoma", para quem teve experiências difíceis e dolorosas. Podemos, portanto, perguntar-nos: será possível a um psicoterapeuta, ainda que plenamente ciente da não linearidade dos processos de mudança em Psicoterapia, não desejar implementar intervenções, interpretações, leituras, restituições ou especificações técnicas, que vão se provar "eficaz"? E temos tanta certeza de que um hipotético psicoterapeuta capaz de ingressar plenamente ao conhecido convite de Bion (que o terapeuta seja "sem desejo", bem como "sem memória"), ele seria um psicoterapeuta suficientemente bom? Isso não é talvez útil para quem quer que encontremos, em nossa atitude não verbal, em nossas mensagens subliminar (mas às vezes também em nossas palavras) ter um desejo sincero de que no encontro possamos ajudá-lo? Acredito que o desejo de ser "eficaz" com os clientes é inevitável, tudo é compreensível e, em última análise, desejável. Mas tenho certeza de que um psicoterapeuta "ingênuo" que está convencido de que sua intervenção é "eficaz" no sentido de ser a "causa" de um "efeito" previsto e previsível, pode ser muito perigoso.

Se refletirmos sobre esta aparente contradição, percebemos que provavelmente os psicoterapeutas especialistas e "sábios" – independentemente da teoria da referência – por um lado querem ser úteis às pessoas que encontram, e/mas, por outro lado, eles sabem que esta é, de qualquer forma, uma tarefa "impossível". Poderia, portanto, afirmar que todos nós, embora queiramos ser úteis a quem nos recorre, devemos desejar não desejar: mais uma vez o mistério das relações humanas apresenta um nó que é inevitável – um nó que, em última análise, só podemos habitar com a intenção de poder mantê-lo, pelo menos um pouco, pelo menos temporariamente, suficientemente solto e aberto.

Na verdade, acredito que seja justamente a vontade de desfazer esse nó, apertando-o, fechando-o, o que dificulta o processo evolutivo: se corrermos o risco de nos achatarmos em um dos dois aspectos do dilema (ou seja, se não desejamos ajudar, ou, pelo contrário, se afirmarmos ser eficazes de forma linear), a nossa posição tenderá a cancelar o espaço dentro do qual um processo evolutivo pode ocorrer.

A não instrutividade do encontro psicoterapêutico

As relações entre os sistemas vivos não podem ser consideradas "instrutivas", porque sistemas vivos são caracterizados pela sua própria autonomia: é por esta razão que considerar nossas intervenções como a "causa" direta das mudanças que ocorrem durante um processo terapêutico é completamente ilusório. Isto depende do próprio fato de que encontramos o outro em sua autonomia subjetiva. Isto significa que a nossa escuta e a nossa intervenção, os nossos silêncios e as nossas palavras, a nossa presença e as nossas técnicas, devem ser consideradas como propostas no relatório. Tudo o que fazemos ou digamos que nunca pode ser considerado como uma causa, mas sempre e somente como a modalidade segundo a qual nos propomos ao outro dentro da relação.

Quando um sujeito interage com outro sujeito, a resposta do outro ser sempre logicamente imprevisível, será logicamente imprevisível na medida em que o outro seja um sujeito que usa autonomamente a linguagem natural que partilhamos e que une tanto para as "realidades" arbitrárias que a linguagem constrói. É por isso que sua resposta será capaz de sempre nos surpreender. Em última análise: o outro ainda mudará à sua maneira, de acordo com suas características de organização interna, perseguindo seus objetivos e obedecendo as próprias instalações e os desejos.

Mude você mesmo!

Se é verdade que o desejo de mudar o outro se revela ilusório, também é verdade que não podemos desistir do desejo de encorajar a evolução e a mudança: a questão é que para encorajar a mudança só podemos mudar a forma de nos apresentar para o outro dentro do relacionamento.

A mudança que o terapeuta pode e deve buscar durante o processo psicoterapêutico é, portanto, a mudança de si mesmo: das próprias ideias, das próprias premissas, dos próprios preconceitos, da própria maneira de pensar, dos próprios métodos interpretativos, de como ele decodifica e atribui significado ao encontro. Essa consciência deve permitir ao terapeuta modificar constantemente suas propostas, levando em conta as respostas do outro; isto é, deve deixá-lo livre para sair o máximo possível. A maneira própria de narrar para si mesmo o que acontece é possível, aberta e flexível na reunião.

Conscientes de que não podemos mudar o outro, podemos/devemos aceitar que podemos apenas mudar a nós mesmos. Nosso imperativo ético será: "Mude você mesmo!" E como veremos agora, mudar a si mesmo é certamente difícil, mas também se revela libertador. No Capítulo 3, refletimos longamente sobre liberdade de pensamento, sobre o fato de que uma declaração ingênua, e aparentemente inofensiva, do tipo "o paciente está deprimido", acaba por ser, na realidade, uma operação "lógica "em sentido estrito: operação linguística. O que quero dizer agora, no entanto, é que todos nós somos "escravos" de nos descrevermos aos outros. Como muitas vezes acontece, podemos nos tornar dependentes daquilo que, de outras formas, acaba sendo muito útil. Na verdade, é certamente útil e adaptativo falar de si mesmo e dos outros como se descrevemos "coisas "que apresentam características objetivas, dadas e duradouras; mas o acreditar nisso, esquecer como se sustenta o funcionamento lógico, escraviza. O fato de o sujeito ser sub-jectum (submetido) à modalidade é um mistério narrar sobre si mesmo para si mesmo, o que é difícil de mudar, apesar de ser sem dúvida uma fonte de sofrimento. Mas este não é o lugar para discutir as razões dessa fidelidade visceral que nasce onde surge a subjetividade.

É responsabilidade do psicoterapeuta nunca se cansar de lutar por consciência do fato de que as descrições de si mesmo e dos outros são construções. E não é sempre uma medida limitada e provisória em que nos é dado "saber que sabemos", ter consciência do efeito maravilhoso de nos libertarmos das formas usuais e óbvias de descrever a vida, nós mesmos, os outros. Somos surpreendidos por uma liberdade de pensamento que pode ser criativa e irreverente, empática e simpática, intuitiva e ao mesmo tempo contraintuitiva, provocadora e benevolente, desconstrutiva e proativa. Nossos métodos de descrever a experiência são sempre potencialmente renovados, mesmo que às vezes eles pareçam redescobrir a sabedoria antiga.

Como na Psicoterapia, não estamos lidando com coisas, fatos ou acontecimentos concretos, mas sempre e somente com a relação subjetiva, com os fatos e as coisas, é a tarefa primária do psicoterapeuta não se esquecer de que esta relação subjetiva ainda é livre para o outro. É por isso que a busca apaixonada e inesgotável de pensar livremente deve ser, na minha opinião, uma característica primária e indispensável do caminho pessoal e da formação contínua de qualquer psicoterapeuta.

Liberdade de pensamento é a capacidade de ver, pensar, descrever e narrar em outra maneira a experiência do encontro com o outro. O efeito pode ser libertador: "Não é assim: então eu descrevo assim. Minha descrição pode ser diferente!". Se é verdade que eu tenho de saber que sou responsável pelas minhas descrições, também é verdade que posso saber que sou livre para modificá-las. Dessa liberdade surge a possibilidade de mudar a si mesmo.

Esta descoberta das inúmeras possibilidades de descrever a si mesmo e aos outros pode e deve ser acolhida como uma riqueza imensurável e como uma liberdade que o faz reencontrar-se, com o espanto de saber que ainda podemos mudar nosso ponto de vista, iluminar o que aconteceu sob uma luz diferente, descobrir outro significado, revisitar e recontar os eventos, encontrar descrições surpreendentes e inspiradoras de si mesmo e dos outros, esperança que reabre o futuro e que pode modificar as próprias facilitações sinápticas que estão subjacentes às nossas emoções e pensamentos vivos.

É uma possibilidade maravilhosa poder reler uma história subjetiva verdadeiramente completa de abandono, infortúnios, solidão e desilusões profundas, como a clara demonstração de como a pessoa que nos consulta é forte, positiva, resiliente, capaz de reagir, e tenhamos fé, apesar de tudo, visto que ela se dirige a nós animada pela espera de endireitar sua vida.

É um certo sentido milagroso que dois cônjuges em constante e rancoroso conflito podem descobrir de forma convincente que, de outro ponto de vista, são cúmplices em ajudar uns aos outros a concordar com seus respectivos pais, que nunca olharam favoravelmente para isso na união. Isto permite ao terapeuta introduzir a ideia de que os cônjuges estão, portanto, desistindo do desejo e da possibilidade de valorizar e valorizar os aspectos positivos do seu relacionamento, e, portanto, construir aquela relação substancialmente positiva da qual certamente estariam capazes.

Da mesma forma, é uma fonte de espanto poder redefinir progressivamente o comportamento "rebelde" de um adolescente como uma clara demonstração de lealdade e "amor" de uma criança que não perde a esperança de que o pai mude e se mostre mais flexível e menos rígido e, portanto, capaz de levar em consideração o seu ponto de vista visualizar. E, novamente, é uma surpresa que pode nos emocionar poder "ver" quão imenso há um desejo de ser um bom pai em um pai que foi uma criança abusada e que tem por sua vez, atuou em comportamentos abusivos precisamente porque esta foi a única resposta de ele enfrentou a dificuldade de se mostrar um verdadeiro bom pai e de conseguir, portanto, seu maior desejo.

O psicoterapeuta pode e deve ter liberdade para destacar o outro lado da medalha e propor uma possível "outra" leitura que surpreende e parece contraintuitiva, mas ao mesmo tempo é credível dentro da relação terapêutica em agir.

Obediência ao relacionamento

Sei bem que o que digo pode levar a perplexidades e dúvidas que surgem da nostalgia mais que compreensível de um "conhecimento" de alguma forma fundado e ancorado na "realidade" e que, portanto, dá garantias de permanência e verificabilidade externa do relacionamento. Dúvidas legítimas e necessárias. As dúvidas, aliás, animadas por um sentimento de responsabilidade absolutamente louvável: se o terapeuta se sentir livre para dizer tudo e ao contrário de tudo, se puder propor alguma "leitura" desde que alternativa, surpreendente, provocativo, paradoxal, quem e o que pode nos garantir a improvisação descontrolada, por meio de intervenções que outrora teriam sido declaradas "selvagens"? A questão é que a liberdade de pensamento do psicoterapeuta é, e deve ser subjugada para o relacionamento. Devemos estar livres das formas tradicionais, habituais e óbvias de descrever o outro e sua experiência, mas não estamos de forma alguma isentos de responsabilidade do encontro com o outro. Devemos nos libertar das formas que descrevem a experiência do outro, classificando-o, enquadrando-o, remontando-o a esquemas já escritos, mas isso não significa que possamos ser indiferentes à relação da qual participamos. Ao contrário, devemos nos considerar humildemente submetidos –com "temor e tremor", ouso dizer – às características do relacionamento, à medida que emergem na evolução da reunião. Isto significa que é nossa responsabilidade monitorar constantemente o relacionamento contínuo, prestem atenção às respostas verbais e não verbais uns dos outros, formule hipóteses sobre como a outra pessoa entende o que dizemos e atribua significado para o relacionamento.

Liberdade *versus* contextualidade

Para ter em conta estas dúvidas legítimas, é importante sublinhar que o conceito de liberdade de pensamento nada tem a ver com um suposto e impossível não fazer parte e participar de relacionamentos e contextos. Nunca podemos pretender nossa percepção e pensar como acontextual: emoções e pensamentos emergem do relacionamento e no relacionamento, sem danos nas práticas linguísticas e, portanto, não podendo ser considerado "interno" a um único indivíduo.

Subjetivamente, tendemos a ter a impressão de que o pensamento é "interno", nascido e desenvolvido em nossa mente, sendo, em última análise, uma atividade eminentemente autônoma. Mas sabemos que este não é o caso, pois a experiência humana é complexa, e o é também no sentido de que coloca o homem diante da possibilidade – e do drama – da liberdade.

Se é verdade que o pensamento, enquanto linguístico, não pode ser considerado "autônomo", também é verdade que nos dá a possibilidade de liberdade: exatamente pela mesma razão, isto é, como linguística. Na verdade, a linguagem dá ao homem a possibilidade de narrar a própria experiência de maneiras sempre novas, liberta-o do instinto, da literalmente "desprende-se" do solo: o homem não habita simplesmente o seu próprio nicho ecológico como organismo, mas sim descreve o território que habita, como se o estivesse observando de fora, e pode desenhar "mapas" e descrições sempre modificáveis e redefiníveis.

Estas são as razões pelas quais se diz que a linguagem traduz a experiência vivida e, inevitavelmente, ele a trai. Introduz uma distância intransponível entre a palavra e a coisa, entre a experiência vivida e a narração linguística, que dela fazemos continuamente para nós mesmos. Mas este espaço é o da liberdade: é distância, potencialmente sempre aberto, onde sempre podemos propor novas leituras e novos significados.

O pensamento, sendo linguístico, deve ser considerado, por definição, contextual.

O pensamento, como linguístico, deve ser considerado potencialmente livre e para eles são responsáveis por isso.

Agora, o ponto que considero fundamental para compreender o conceito clínico de "liberdade para pensamento" é, precisamente, o fato de este se situar no hiato entre a emoção e a palavra, que reside, ainda que sempre de forma provisória e precária, na distância entre o território do "estar em relação" e dos mapas linguísticos que o descrevem incansavelmente.

É importante sublinhar isto para que fique claro que a liberdade de pensamento do terapeuta não é e não pode ser liberdade de relacionamento. É antes sobre a liberdade de narrar, caso contrário, a relação vivida da qual participa e da qual certamente não pode considerar-se desvinculado.

Na prática clínica, isto significa que a "liberdade de pensamento" não deve ser entendida de forma alguma como liberdade de encontro, compromisso e envolvimento: mais concretamente, não significa sentir-se livre para dizer qualquer coisa, para falar como se não estivéssemos bem dentro, participante e parte, engajado e envolvido no encontro com o outro. Ao contrário: já que a liberdade será a liberdade de narrar de outra forma a experiência do encontro, esta narração caso contrário ele não poderia estar completamente enraizado no que está acontecendo, antes de tudo no nível emocional, no aqui e agora do encontro.

Se estivermos convencidos de que um território pode ser visto e narrado de forma diferente, desenhando outros mapas, para isso será útil habitá-lo com atenção e sensibilidade, apurando os sentidos, e observá-lo com olhos que sabem se maravilhar, mas ainda assim o habitam, viajando por ele, e, estou convencido, adorando.

Se eu partir da premissa de que uma família que recorre a mim contém recursos dentro de si de potencial evolutivo e de "autocura", terei que permanecer bem dentro do relacionamento, terei que participar com paixão e respeito, para poder "captar" todas as informações possíveis, e para não perder as "aberturas" da narrativa familiar que nos permitem propor uma narrativa diferente.

Em última análise: para exercer a liberdade de pensamento, o terapeuta terá que participar com comprometimento e paixão do encontro e, longe de simplesmente manter a conversa aberta, ele deverá ser capaz de propor uma visão nova e diferente a partir do que vivencia em primeira pessoa e graças a saber observar com outros olhos a relação em que participa.

Mude sua maneira de mudar

Mudar a si mesmo é uma mudança de segunda ordem. Significa mudar a sua própria maneira de mudar.

A própria vida é mudança. O que é vivo não pode deixar de mudar. A vida é um processo nunca concluído, sempre em andamento, em constante evolução. Nas "realidades" humanas também há "estabilidade" mais tranquilizadora, até a aparente imobilidade, até a mais previsível, na realidade, é o resultado de processos incansáveis de confirmação, negociação, calibração: em definitivo, portanto, de um processo contínuo de mudança.

Estamos constantemente nos esforçando para mudar a nós mesmos e uns aos outros. O psicoterapeuta e as pessoas que recorrem a ele não escapam ao fato de que cada encontro é, inevitavelmente, um processo de mudança, no qual participam e no qual se envolvem mais ou menos implicitamente para mudar os outros – quer eles reconheçam isso ou não.

Esta é, obviamente, uma tarefa impossível.

A única mudança possível, para os seres vivos, para os sujeitos autônomos que somos, é mudar a nós mesmos: mudar a nossa própria forma de mudar, o que significa evoluir.

A evolução que pode ocorrer graças e dentro do encontro psicoterapêutico é uma mudança de segunda ordem: mudar a maneira de mudar, modificar as próprias leituras e interpretações, ampliam o campo de observação, colocam em discussão o que até então tínhamos como certo, surpreender-se com uma leitura inesperada e com significados inesperados. Quem traz seu próprio sofrimento e seus próprios becos sem saída, o psicoterapeuta será capaz de mudar a sua própria maneira de mudar se, e somente se, o próprio psicoterapeuta terá sido capaz de mudar durante o processo e graças à reunião.

PARTE III

Boas práticas

Capítulo 9

Operações necessárias e não suficientes para boas práticas: o que já fazemos

Umberta Telfener

Dentro de uma epistemologia cibernética, nada é benéfico ou prejudicial em si, mas só pode ser definido como tal dentro de um relacionamento e contexto. Informação: é assim que mudamos depois de um encontro, depois de se envolver com outra pessoa.

A terapia é um processo auto-organizado e autogerado. Esse implica uma natureza recursiva, da qual estamos falando nestes capítulos: organizar a própria organização, mudando a forma de mudar, aprendendo a aprender, bem como um fechamento semântico específico para o contexto da narrativa e coerente à autonomia da dança que dela deriva.

Por **encerramento semântico**, queremos dizer um domínio autorreferencial, no qual os significados que emergem não têm um valor geral, mas sim de adquirir um significado específico para as pessoas envolvidas, em relação ao momento particular em que o processo ocorre e com a narrativa em andamento (um pouco como no apaixonado). A realização das operações de segunda ordem mencionadas neste volume é sobre: questionar como construímos juntos o nosso conhecimento, aceitando a imprevisibilidade de caminhos e processos, dentro de uma relação dada como fundamental, organizada, a partir de uma posição de saber não saber.

Desejando continuar a reflexão sobre a prática da terapia de segunda ordem, propomos uma análise aprofundada dos aspectos que consideramos que devem merecer atenção, do ponto de vista da ação. Optamos por sublinhar os específicos que aprendemos a usar em nossos trinta e cinco anos de trabalho clínico, reportar as operações que, em nossa opinião, devem ser implementadas, para que o modelo exista respeitoso da recursividade de que estamos falando. Não se trata de adquirir novas técnicas, a fim de inventar novas teorias para ler sistemas e contextos, trata-se de refletir cada vez mais sobre suas operações, a fim de construir uma prática evolutiva, processual e ética. Trata-se de implementar operações baseadas em princípios da teoria dos sistemas e o paradigma da complexidade. Ao virem ignorados, eles correm o risco de construir cronicidade, de manter a patologia e tornar o contexto imóvel e iatrogênico. Pretendemos destacá-los, argumentando que são tanto um aspecto específico das operações sistêmicas quanto das operações transversais modelos, fundamentais na determinação de boas práticas.

O processo clínico propõe a criação de um campo relacional, a construção de interações participativas, a fim de permitir que uma imbricação seja criada entre instalações dos participantes que dão origem a um **sistema determinado por problema**, polifônico e complexo, organizado por grades compartilhadas e por um planejamento negociado. Hipóteses e soluções emergem no relatório: a possibilidade de construir novos enredos – uma história com múltiplas vozes –, que se originam umas das outras participações no jogo de conexão dos acontecimentos e emoções envolvidas.

O problema da Psicoterapia passa a ser o de *compreender mais que os sintomas e conteúdos envolvidos:* no entanto, não é possível imaginar que qualquer narrativa é boa ou suficiente para manter uma posição dialógica e deixar a discussão aberta. Na verdade, alguns modos narrativos são mais congruentes com um sistema específico em um determinado momento e acabam sendo mais úteis que outros. Reconhecemos explicitamente a impossibilidade de saber *a priori* qual modo narrativo (e, portanto, qual estrutura) pode ser útil: será o sistema terapêutico (incluindo clientes, terapeutas e equipe, mas também quaisquer consultores e outros participantes do sistema de significados compartilhados) para "dizer" ao longo do tempo qual método de leitura e re-narração se mostrou útil para sair do impasse. As intervenções, como qualquer empreendimento humano, baseiam-se no círculo hermenêutico de interpretação-ação. As palavras adquirem significado, não com base na capacidade de representar a realidade, mas pela sua utilidade e coerência no intercâmbio social entre terapeuta e usuário. Fazer sentido torna-se a razão de estarmos juntos.

É preciso ter consciência de que o que dizemos e fazemos pode ser entendido de forma diferente das nossas intenções e devemos ser capazes de nos modificar para intervir no *feedback* que recebemos na perturbação. É fundamental encontrar coerência entre as histórias contadas, o problema apresentado, padrões relacionais repetitivos e o que acontece aqui e agora conosco.

Gostaríamos de destacar aquelas operações que consideramos importantes, chegando a uma espécie de lista de operações, que são necessárias e não suficientes para uma boa prática.

Operações que aprendemos na prática na escola de Milão

Considere-se parte no processo

Sobre o papel do observador e a inevitabilidade de que ele também é parte na disputa com meus próprios valores já foram gastos em rios de tinta. Como médicos, isso é importante, pois consideram-se parte integrante do sistema e das instalações existentes. Trata-se de uma habilidade que se aprende ao longo do tempo e que não é dada *a priori*: aprende-se a utilizar a si mesmo para fazer malabarismos entre coerência e novidade, num campo semântico partilhado. Está feito à medida que você gradualmente ganha confiança em seu papel e nos outros. O que acontece na terapia vem do resultado das pessoas que estão juntas e do terapeuta, que oferece elementos à narrativa tanto por meio de suas sensações quanto de suas escolhas temáticas, portanto, por meio de seus conhecimentos, de suas intuições, conexões e referências a livros lidos e eventos lembrados; por meio do que ele faz/diz/fez e do que ele não faz/não diz/e não fez. "Como é o caminho proposto, isso torna a situação evolutiva ou estática?", "Que ideia transmito com a minha intervenção?", "Que processos estabeleço ou apoio?", "Faz sentido que faça as pessoas trabalharem essa garota sobre seu relacionamento com o pai?", "Que relação isso tem com o seu atual relacionamento com os homens?" A conversa consigo mesmo ocorre com respeito à relação e ao processo, trazendo à tona algumas possibilidades de composição relacional, emocional, comportamental e metacognitivo (trazer objetos cheios de significados que parece ser um mar de luzes... construir uma narrativa iniciando provenientes de emissões diárias dispersas – parafraseando Francisco Varela). É assim que você aprende que a terapia consiste na colaboração de múltiplas cabeças/corações/pessoas, agindo sobre material vivo em constante reescrita e transformação.

O clínico faz parte do sistema e da tautologia que tende a se automanter, e esta tautologia deve voltar-se para a desconstrução do sintoma, e não para a proposta de bons conselhos, de "bom exemplo" ou de pacificação. Às vezes, por um determinado período, é necessário atuar como um "eu" auxiliar, desde que tenhamos consciência de fazer isso e apenas por um tempo limitado.

Se eu acho que um sintoma é uma doença e encho uma pessoa de remédios, recomendo a internação sem pensar nos efeitos pragmáticos que a própria hospitalização pode ter (queda vertical da autoestima, definição de gravidade, isolamento de outras pessoas significativas, rotulagem), se eu igualmente subestimar um sofrimento e eu imediatamente o defino positivamente se peço a uma pessoa profundamente deprimida que faça algo que ela é incapaz de fazer, em vez de encontrá-la exatamente onde ela está, o risco de considerar o outro como independente de mim e causador de danos, pois pareço não entender e perco a dança que poderíamos dançar juntos.

Se eu interpretar um comentário negativo de um cliente como um julgamento sobre mim e, em vez disso, ficar ofendido e considerá-lo uma nota sobre o que está acontecendo na relação terapêutica e expandi-lo para entender melhor, corro o risco de não promover a relação de confiança e romper a aliança.

A conexão entre ações e premissas

Bateson leva em consideração o inextricável entrelaçamento de premissas, aspectos epistemológicos e ontológicos que orientam os conhecimentos e *as* ações que realizamos: dois lados da mesma moeda interligada.

Compartilhando uma teoria de construção de experiência – estritamente dependente d*as* nossas ações ("se quiser sabendo que você age", Piaget e von Foerster nos explicaram bem, citando Poincarré) –, podemos considerar a terapia como uma operação de produção de processos *de* conhecimento (compreensão)*, por meio* de palavras e ações que sejam consistentes entre si. Para nós, pessoas sistêmicas, torna-se inevitável considerar as operações "psi" (as mais variadas operações clínicas) como um processo *relacionados a* escolhas éticas, estéticas e processuais inerentes à ação de conhecer*, u*m compromisso que implica múltiplos níveis de envolvimento. Em nossa opinião, o trabalho clínico torna-se um trabalho epistemológico pontual. Tanto o médico como os utilizadores são encorajados a:

1. descentralizar-se, distanciar-se dos próprios pensamentos para tornar-se mais flexível e assumir distâncias dos padrões habituais;
2. relativizar, abandonar a causalidade rígida e a forma de ampliar as lentes de observação;

3. conectar eventos e hipóteses, considerando a construção de significados e influências culturais, sociais e familiares de suas ações;
4. modificar as grelhas de descodificação e metáforas utilizadas ao longo do tempo;
5. processualizar, descrever eventos que parecem estáticos como processos contínuos que vão como uma fita do presente ao passado e do presente ao futuro;
6. responsabilidade de compreender-se a respeito das ações, emoções e pensamentos do campo, ou seja, considerar-se parte dos atos depende do que acontece e não de vítimas ou transeuntes ocasionais: cada evento, mesmo o mais doloroso nos ensina algo. Perturbar implica ampliar o ponto de vista, sair dos caminhos habituais e da aceitação de compartilhar juntos (cum-take) sem tudo ter que ser entendido racionalmente. A solução não está no mesmo nível do problema, pois problema e solução devem ser questionados pela possibilidade de entrar na dança, habilidade que se aprende.

Ele implementa operações incongruentes na relação entre teoria e prática, por exemplo, aqueles que se declaram sistêmicos e perdem de vista a relação do indivíduo com sua família de origem ou consigo mesmo; quem se declara processual e permanece três sessões no tema que lhe é caro, sem ajustes de acordo com o feedback do cliente e sem perguntar se o tema escolhido tem significado para o outro; quem se declara muito atento à complexidade e depois não leva em consideração como outras figuras profissionais "psi" intervém na situação, por sua vez, arriscando-se a desqualificar o seu trabalho. As intervenções do clínico, nestes casos, poderiam criar uma situação de impasse, até mesmo levar ao abandono da terapia. Mesmo que os clientes não conheçam epistemologia e, portanto, não possam "comparar" teoricamente conosco, eles percebem mais rapidamente se o profissional que escolheram lhes convém ajudando ou levando-os para colher cogumelos!

Confiança nos humanos e nas mudanças

No início da profissão, cada um de nós se viu diante da responsabilidade por sintomas graves e menos graves, com a tarefa de desconstruí-los e recuperar o *status quo* anterior de bem-estar, por meio de palavras e relacionamentos. Eu desafio qualquer clínico em formação que não tenha entrado na lógica da patologia e não ter ficado assustado com a gravidade da situação, de não ter sido capturado pela nosografia oficial, pela dor e desorientação que foram trazidas para a sessão.

Com o tempo, aprendemos que as pessoas não são os seus sintomas, que os indivíduos são em movimento e circunstâncias também. Você ganha confiança no contexto e na vida. A ciência atual nos oferece um modelo de desenvolvimento que considera os indivíduos como máquinas não triviais, as quais se comportam de maneira imprevisível e nem sempre é o mesmo. Todos os sistemas estão em constante evolução, por isso torna-se importante o clínico não os bloquear no seu desenvolvimento natural, mas respeitar o processo, intervindo para mudar os métodos habituais de mudança, imaginando os indivíduos e as situações em fluxo

Esta visão a respeito dos indivíduos implica uma confiança extrema neles: "A expertise está dentro das pessoas – diz Eia Asen (2001) – a nossa tarefa é criar contextos em que seja possível fazer isso emergir". Esta posição envolve pesquisa e utilização de recursos presentes no sistema, no contexto social do usuário e no terapêutico, atenção aos pontos de força de narrativas e situações. A capacidade de conhecer o outro como sujeito, colocando-se em jogo como sujeito. A confiança nos recursos implica a capacidade de pensar que os indivíduos não são saudáveis ou doentes, que eles não estão desesperados ou alegres, que não são invadidos por sintomas e que qualquer problema, mesmo o mais sério, tem uma razão/coerência interna ao sistema e produz lições úteis para a evolução pessoal. Mesmo a pessoa mais desanimada pode acessar estados de bem-estar. Se pensarmos que um sistema muda de qualquer maneira, o foco passa a ser o de não bloquearmos esta evolução com as nossas intervenções.

A confiança nos seres humanos e nos contextos também implica confiança em si mesmo como um disruptor e no contexto terapêutico como evolutivo: propomos o abandono do controle, a confiança nas próprias capacidades disruptivas, o uso não apenas da racionalidade, mas sim de pensamento abdutivo e aleatório. Alcançar um ponto de vista sem julgamento é essencial para manter o respeito pelos outros e pela situação apresentada, mas não é tão simples quanto escrevê-lo nesta linha. Este é um ponto de chegada ao curso de formação clínica. Não julgar, entre outras coisas, não significa redefinir absolutamente de forma positiva a qualquer custo, mas aceitar a situação de onde somos confrontados com um sentido da realidade, analisando-a sob múltiplos pontos de vista. São situações em que é necessário começar por reconhecer a dor que está presente, aceitá-la e analisá-la, antes de propor definições que permitam considerá-lo mesmo de um ponto de vista diferente.

Uma ideia complexa de um problema e do problema na visão "humana"

Como sistêmicos, sempre pensamos que o sintoma era uma tentativa adaptativa de solução para um problema; tentativa de uma solução que, ao longo do tempo, tendo surgido encistado, ele próprio se tornou o problema. Sempre pensamos que o problema não é a pessoa. Estamos acostumados a fazer hipóteses nesse sentido, referindo-as à vida relacional do cliente, ao seu núcleo familiar e às gerações passadas, à sua aprendizagem, mas também às sinapses, aos hábitos de pensamento, a como isso acontece biologicamente dentro dele/ela. Contudo, o problema não está numa parte do corpo, nem mesmo na família ou no casal, muito menos no indivíduo. Não está em nenhuma unidade, mas nos relatos/nas explicações de todos aqueles que participam disso surgir, especificá-lo e mantê-lo. É o problema que cria o sistema que deve ser levado em consideração, para definir quem participa semanticamente, quem devemos envolver da presença ou no raciocínio da sessão como parte fundamental da sua manutenção. Por esta razão, fazemos hipóteses que apoiamos por meio de dados (não de dados), mas "tomados" porque foram escolhidos a partir de muita informação, como Laing, (1961) afirmou a serviço de uma ideia evolutiva.

A confiança coloca-se na intercomunicação constante de um mesmo signo ao nível da espécie, da sociedade, da família, ao nível biológico, emocional, psíquico, relacional, social, espiritual e de gênero. Aprendemos na prática o potencial biográfico, as possibilidades e restrições, os segredos, o indizível, as proibições e as lealdades familiares invisíveis, bem como a importância dos despedimentos entre gerações, como resultado da dívida e créditos transgeracionais (fantasmas que passam de uma geração para outra, como escreve Schutzenberger, 1993). Devemos escolher constantemente em que nível intervir, uma vez que a troca relacional numa família, ao longo do tempo, interage com as relações do presente.

Maria é uma menina de cerca de 29 anos, obsessiva. Ele escolheu uma especialização que abandonou depois de oito meses para escolher outra. Ao iniciar os novos estudos, sentiu-se impotente e sem entusiasmo, continuando a pensar na faculdade que estava deixando e considerando-a uma oportunidade perdida. Ela viu tudo bem no primeiro, enquanto no segundo perdeu toda a atração. Maria vai a um terapeuta e diz que estava "certamente errada", pois fica claro que ela não está interessada no que está prestes a empreender. Maria não se convence e pergunta uma consulta. No novo relatório, coloco a hipótese de que, tal como obsessivo tenta facilmente controlar as emoções com pensamentos. Pode ser que ela tenha medo de deixar ir, e o modo habitual de comportamento é idealizar que ela saiu e reprova o que está prestes a empreender.

Maria se sente reconhecida e pede para acompanhá-la nessa nova jornada universitária. Conhecer bem o funcionamento dos mecanismos obsessivos permitiu à nova terapeuta propor uma hipótese na qual Maria se reconhecia, sem além disso, nenhum caiu na rotulagem ou definiu o que é certo ou errado. A hipótese é que Maria deve ser capaz de escolher e deve ser ajudada a avaliar o que fez antes de depreciá-lo ou criticá-lo.

Análise de demanda como ferramenta de acesso ao relacionamento

Em nossa opinião, é fundamental, utilizar a análise da questão como uma suspensão inicial de toda a ação, para propor uma leitura psicológica e, portanto, uma análise das motivações subjacentes ao pedido de ajuda, já dissemos isso no capítulo 6. A análise da questão permite:

1. construir o padrão de conexão entre sistema familiar e novo sistema terapêutico;
2. compreender o significado do possível viajar juntos;
3. identificar o caminho hipotético, as soluções imaginadas, os recursos disponíveis.

Trata-se de estabelecer um espaço de reflexão sobre as emoções que motivaram o questionar-se e sobre as questões que os membros do sistema trazem, sobre as relações e comportamentos que levaram ao pedido de intervenção. O objetivo é entender o significado e identificar a resposta mais adequada A análise da questão é uma oportunidade para se libertar de uma resposta pré-fabricada, para redefinir o problema apresentado e para planear a intervenção mais adequada à situação (entre outros artigos Ugazio, 1989, 1991; Telfener, 2011).

Valerio é um jovem de trinta anos que procura terapia por uma luta pela vida que, às vezes, fá-lo ter problemas, criar buracos negros dos quais é difícil para ele se recuperar. Um dia, na sétima sessão, ele está falando sobre o fato de que geralmente não tem expectativas para não se decepcionar; na verdade, é certo que toda vez que ele espera algo apresenta o desejo de que essa coisa não se torne realidade. Estamos prestes a encerrar a sessão, quando ele comenta que não entende o que estamos fazendo na terapia, que esperava que o processo ocorresse de uma maneira, mas seguiu diferente. Comento sem me aborrecer que, da próxima vez, começaremos do zero com a análise de seu desejado, expectativas, recursos no campo. Durante a semana, Valério me manda a seguinte mensagem de texto:

"Acho que não crio expectativas para não me decepcionar. Eu sinto que fiz isso com ela também nas comparações de terapia. Interessante!" Eu mando uma mensagem de volta para ele e começo novamente, na próxima vez, de qualquer maneira com análise de demanda. Ele me conta que tocou em primeira mão seu mecanismo e que pensou nisso muitas vezes esta semana.

Defina/escolha a sua posição, o seu posicionamento

O posicionamento é importante: maior ou menor intimidade/ compartilhamento/ transparência e a escolha de uma relação igualitária, mesmo que ainda assimétrica.

Alcançar a possibilidade colaborativa pode, de fato, tornar-se um objetivo em si na terapia, particularmente no tratamento de transtornos graves de personalidade. Campbell falou explicitamente sobre "posicionamento" (Campbell & Groenbaek, 2006) como uma categoria de direitos, tarefas e obrigações de se comportar de maneiras específicas e de solicitar certas ações de outras pessoas. Campbell fala sobre posicionamento interativo e reflexivo, isto é, do fato de outros nos darem uma posição no contexto da sessão, e que também o terapeuta deve assumir uma determinada posição em relação ao engajamento e à relação. A posição que se assume determina o que surgirá na entrevista, isso que você pode ver e fazer, mais do que qualquer *status* ou diploma.

Esse posicionamento é o resultado da negociação e pode evoluir ao longo do tempo. Aprendemos que não faz sentido dividir as terapias em individuais, familiares ou de casal, pois não são as unidades sociais que definem problemas; não é mais a perspectiva estruturalista que temos que nos guiar. Trabalhamos com sistemas cibernéticos de ideias, operamos num domínio conversacional, com um sistema compartilhado de significados.

Assim, a posição que assumimos em relação ao outro não é obrigatória ou definida de uma vez por todas. Depende da nossa personalidade, do encontro, mas também da fase da terapia, desde a escolha de não assumir uma posição hierárquica baseada em poder, mas igual mesmo que assimétrico: uma posição que favorece a resiliência.

Aprendemos a ir além do poder e do controle, para citar o título de um belo artigo de Lynn Hoffman (1985) e para criar um ambiente descontraído e de "lounge" como Harry Aponte define.

Pessoalmente, prefiro a posição colaborativa que envolve considerar clientes, nossos melhores colegas, as pessoas com mais autoridade para perguntar se eles estão lá tópicos que desejam abordar e que ainda não foram abordados, se houver coisas ainda não foi dito ou se um caminho percorrido é, na sua opinião, significativo ou não.

Parte do posicionamento é decidir se permite ou não que um paciente adie uma reunião para o último momento, se você tiver que pagar por uma sessão perdida devido a um descuido. Não se trata de regras universais, mas toda situação merece uma decisão determinada pelo que está acontecendo no processo, desde a fase do caminho. Portanto, faz parte do posicionamento decidir o quanto de nós mesmos revelamos para o outro, o que decidimos contar sobre um acontecimento que ressoa em nós. Faz parte do posicionamento tornar-se parte do cenário l, uma decisão sobre a frequência das sessões, você ou ela, se eu a acompanho ou não até a porta para cumprimentá-la ao final da sessão. Nenhuma ação que o terapeuta realiza é neutra e sem sentido, cada um faz parte de uma reflexão estratégica, mesmo que às vezes seja instintiva.

Um cliente com quem eu trabalhava há algum tempo decidiu – sem me avisar – recorrer a um psiquiatra farmacologista que o diagnosticou como "fronteira" e lhe deu uma dose maciça de drogas, reguladores de humor. Que posição tomar, qual é a minha escolha em comparação com o que é sucesso? Com sua permissão, liguei para meu colega, a fim de definirmos juntos o significado pragmático do gesto, diagnóstico e possível percurso evolutivo do nosso cliente comum. Mesmo comparado ao colega psiquiatra, tive que escolher uma posição: discutimos juntos sobre a utilidade ou não de defini-lo como "fronteira" e no efeito amortecedor das drogas em sua súbita tristeza e necessidade muito forte com emoções intensas. Que trabalho de cinzelar a conversa com o colega, uma verdadeira intervenção questionadora mútua!

Trabalhe no limite que emerge

Na terapia não há temas privilegiados ou definidos exatamente. Podemos conversar sobre qualquer coisa, e eles emergem do processo no qual pensamos ser mais útil focar. O relatório entre seguir/acomodar outros e propor ativamente temas específicos constitui matéria de debate também no mundo sistêmico (no analítico é adaptar-se inexoravelmente aos temas trazidos pelo cliente, aguardar seu processo e seu *feedback* sobre interpretações). Pessoalmente, acredito que de uma forma altamente psicologizada, é útil para o clínico saber aonde ir, quais tópicos são importantes para cada organização da personalidade e da realidade social e que seja implementada uma busca ativa de significado. É claro que o respeito pelo cliente é fundamental e não será possível introduzir muito cedo temas que o outro não gosta e que provocam ansiedade ou sejam distantes de seu sistema de valores.

Lynn Hoffman (1983) é a clínica que destacou como é preciso lidar com o limite que o indivíduo ou a família impõe, só depois de ter respeitado a regra de lidar com contextos envolvidos, do mais geral ao particular. Ele sugere lidar primeiro com o remetente, depois a ligação conosco e com a estrutura em que atuamos, depois a formação do sistema terapêutico e só posteriormente abordar a história específica da família e da pessoa. Só mais tarde é que se lida com o sistema observado.

Giulio é um garoto de 23 anos que traz para a terapia sua falta de vontade de estudar ou mesmo de trabalhar. Ele imediatamente nos conta que está se arrastando com os exames e que tem namorada, mas não é nem mesmo entusiasmado com ela. Depois de desvendados os aspectos relativos à definição da relação (enviado, porque nós, porque agora), focamos nele e em seu sistema relacional. Ele explica que atribui essa tristeza a si mesmo, à forma como foi feito e, alguma coisa, aos seus pais, que continuam a discutir. Isso vai ajudar, pois na terapia vai descobrir que a empresa de seu pai faliu enquanto seus pais estavam "ninhada"? Que nasceu num clima de fracasso, num período em que o pai estava muito deprimido e o sua mãe teve que voltar a trabalhar depois que parou de acompanhar o casamento? Os níveis de observações podem ser múltiplos e pode haver muitas narrativas e hipóteses extraídas da vida de Júlio. Nenhum será significativo por si só, cada um só terá significado quando o casal terapêutico estiver presente e ele permanecerá até o ponto de produzir feedback*. Contudo, será necessário partir da hipótese de que Giulio traga para a sessão e reconheça sua hipótese e amplie a discussão.*

O olhar processual: o prazer da dança

Trabalhar em Psicoterapia é trabalhar a dança, o processo que se desenrola da reunião. Significa participar na coconstrução de conexões e relacionamentos e propor redefinições. As pessoas juntas na sala são pessoas reais e ao mesmo tempo cada um é também uma sombra na mente de todos os outros, uma personagem criada pela mente do outro com relação a narrativas, julgamentos, expectativas, crenças e humores. A realidade que nos é trazida é a emergência entre a "verdade" vivida e narrada. É da relação entre estas duas emergências que começamos executar uma nova fita que também pressupõe a nossa participação. Clínica e pacientes em sessão compartilham suas vidas mentais, formando "um campo" dentro do qual não se distingue o que pertence a um ou a outro, e a tarefa do clínico também passa a ser a de se desvencilhar do campo que é cogerado, decidir o que trazer para organizar uma estratégia. É uma dança interativa e relacional, na qual você participa fazendo perguntas, explicando as premissas, obstruindo um contexto juntos (ambiente), compartilhando emoções e hipóteses, desconstruindo a história que é trazida para explorar novas conexões.

Criar estratégias como uma operação para manter o processo evoluindo

Em toda terapia, por meio do contrato, estabelecemos objetivos gerais. Além disso, para esses, é preciso fazer uma estratégia. Ter uma estratégia é o que permite que você **se constitua como uma constante**, a não ser levado pelo sistema para onde o sistema quer, não somos "comprados" pelas hipóteses alheias, mas adquirimos um peso específico. Sim, confrontados com uma ideia forte, mantemos na cabeça a ideia do possível jogo em curso e propomos diferentes pontos de vista, sempre prontos a mudar primeiro. Acredito que é muito importante ter um projeto, ou seja, ver na mente possíveis caminhos e soluções, não tanto um plano terapêutico, um ponto de chegada definido e inexorável, mas sim uma visão evolutiva da situação e do potencial dos utilizadores, o que permite dar continuidade a um processo, mesmo que de forma desordenada, optando por acompanhar o usuário, confiando nele com relação aos temas que surgirão. Um bom terapeuta constrói uma estratégia, mas não acredita nela e está sempre pronto para substituí-la.

Daniela é uma menina que faz terapia, porque chora muito: tudo a faz chorar, um exame, o atraso de um amigo, o comentário dos pais, cada proposta do seu parceiro. Lê tudo como crítica e como informações negativas sobre si mesmo. Daniela precisa deixar de existir apenas refletida nos olhos do outro, poder se ver com vida própria, pensar com independência. Por que adquirir essa autonomia precisará algumas etapas, que o terapeuta deverá ter em mente e ser capaz de imaginar. É necessário explicar esse propósito? Às vezes sim, às vezes não. Nem sempre e nem agora mesmo. Daniela deve ser ajudada a trabalhar a sua autoimagem e a ver como se construiu ao longo do tempo. Ele necessariamente terá que trabalhar seu próprio valor e autoestima.

Perguntas como intervenções

Outra "ação" terapêutica é utilizar perguntas como estímulo para entrar num diálogo – num domínio participativo – e fazer distinções que perpetuar a possibilidade de fazer distinções. Muito diferente da expectativa de dar respostas exaustivas ou finais.

Existem muitos tipos de perguntas que ajudam a construir a realidade terapêutica. O clínico pode perturbar uma situação, desconstruir hipóteses (Fruggeri, Ferrara), lançar "balões de sonda" (Mariotti), criar experiências falsificadoras.... Todos eles fazem isso, sobretudo, com as perguntas, que assim se tornam verdadeiras perguntas próprias de intervenções. Peggy Penn (1982) e Karl Tomm (1990) abordaram este aspecto e Tomm propôs, entre outras, as **perguntas interventivas** (interveniente entrevistando), aqueles que uma vez colocados definem uma realidade e determinam uma definição. As perguntas tornam-se a forma de participar do diálogo. Considere-os como "enzimas" que quebram estruturas antigas e permitem que se estabeleçam novas conexões. Assim, torna-se uma prática social desconstruir por meio de questionamento das premissas com que as pessoas se apresentam, para aumentar os níveis de liberdade do indivíduo e reduzir a redundância. Como costumamos dizer, as perguntas não são feitas para saber, mas para fazer o cliente refletir sobre sua situação problemática. "Por que o médico fez essa conexão?" o cliente perguntou. Em qualquer caso, para responder às questões "criativas" que lhe foram colocadas, o cliente deve inventar a si mesmo, ou seja, deve sair do roteiro habitual e propor novas conexões, tornar-se poeta.

"O que você faria de diferente se pensasse que era uma pessoa digna", o psicoterapeuta pergunta a certa altura para Daniela. Nessa pergunta, ela para pensativamente e faz uma pausa, em que ambos permanecem em silêncio. "Talvez eu pensasse em me matricular na universidade. Sempre pensei que não era para mim – a garota então responde com uma voz duvidosa – sempre foi um sonho secreto. Talvez seja demais para assumir este projeto, mas você certamente pode continuar com as perguntas hipotéticas: Em que faculdade você gostaria de se matricular?"

A importância de ouvir

Fazer perguntas "interessantes" que fujam dos roteiros habituais significa saber ouvir. Ouvir parece automático, mas não é. É diferente ouvir simplesmente ou ouvir-se na narrativa com uma escuta determinada pela grade de hipóteses levantadas, tendo ao mesmo tempo o cuidado de não se limitar a esta grade. Poder ouvir com "novos" ouvidos é ainda mais diferente. Há a possibilidade de escuta múltipla das histórias que nos são trazidas: o aqui e agora da vida cotidiana, história de infância, história de três gerações, o mundo interno e transgeracional, o que acontece na relação terapêutica. Como escreve Antonino Ferro (2002, pp. 44-45): "A écoute da écoute (Faimberg, 1996) é a atividade do clínico para não invadir o cliente com questões pessoais, para alfabetizar o que vem do paciente, como digeri-lo e devolvê-lo em maneira mais digerível."

"O que ele deve aprender sobre si mesmo e sobre o mundo para realizar seu desejo no futuro? Em quais recursos devemos confiar? Mas quais aspectos correm o risco de sabotá-lo em relação ao plano de matrícula na Universidade?" D. comunica-se por meio do não verbal, que é ouvido e reconhecido, por isso se sente seguro para explorar uma ideia "maluca". Ele começa a falar hesitante e cada vez mais entusiasmado. Ele parece estar vendo algumas de suas próprias características pela primeira vez....

Assumir o comando

Nunca podemos falar o suficiente sobre a necessidade de conter a situação clínica: da pessoa e do significado do que está acontecendo. Esse a contenção ocorre por meio da compreensão do jogo em andamento. Em serviço público e além, com a facilidade cada vez maior de solicitar aconselhamento, acontece que as pessoas se encontram com muitas opiniões sobre os seus problemas, mas sem uma figura de referência que contém e mantém em mente o problema e o que foi feito até agora. Sem alguém que contenha emocionalmente o desconforto, que cuide do problema apresentado e que oferece abertura para um caminho de cura.

Na nossa opinião, é importante assumir o comando, o que não significa de forma alguma aceitar o delegar nem decidir no lugar do outro. Assumir o comando significa fazer um contrato que prevê metas e perspectivas de trabalho comum e corresponsabilidade sobre o que surgirá na sessão. Envolve também a capacidade de "manter" emocionalmente o que as pessoas nos trazem, continuando a ter fé na mudança.

Pressupõe a possibilidade de propor intervenções mais contemporâneas, Psicoterapia e trabalho social – quando necessário – como lados de uma mesma forma de intervir.

Paola chega à sessão desesperada, porque é deixada pelo marido, que a deletou em 24 horas, e já está morando com outra pessoa, apenas uma semana após o encontro. Ela tem medo de voltar aos sintomas que tinha antes de conhecê-lo e está arrasada. Ela não consegue se consolar, chora inconsolavelmente. Chega à sessão desesperada e assume toda a culpa. Tento mostrar a ela um ponto de vista alternativo, mas entendo que não há espaço para minhas palavras. Decido contê-la emocionalmente em meu silêncio e "compreender", deixá-la falar, dentro de mim imaginando sua capacidade de aguentar e de consolar-se. Enquanto ela se desespera, imagino sua capacidade de processamento da perda deste parceiro que, no entanto, não a compreendia e com quem mantinha uma relação muito conflituosa. No fim da sessão, cansativa para nós duas, embora silenciosa da minha parte, Paola parece estar se sentindo melhor: "Obrigada, me diz, me sinto melhor."

Pessoalmente, às vezes utilizo o celular e a possibilidade de trocar mensagens de texto no espaço entre as sessões: serve para tranquilizar, para manter um propósito, para fazer sentir a participação. Outros colegas também me dizem a mesma coisa (Manfrida, 2011). Assumir o controle também significa ter o caso em mente, mostrar-se interessado em cada detalhe na sessão, ter em mente a história e seus pontos de bifurcação, os nomes, relacionamentos.

Significa lembrar os detalhes e tê-los sempre em mente, os recursos que a pessoa pode implantar. Eu diria mais: construa uma imagem evolutiva da situação ideal que surgiu na sessão e pense sobre, se isso é possível.

Ambiente flexível e participativo

O espaço como conceito abstrato é específico da geometria; o espaço também é o lugar de experiência, negociação e mudança terapêutica. Espaço e suas regras nos falam sobre padrões de valores, expectativas, fantasias e das regras que organizam aquele contexto particular que é a relação terapêutica.

A organização do espaço e do tempo na Psicoterapia ocorre com o uso de palavras e gestos, por meio de posições corporais, práticas individuais e regras de conduta compartilhadas, explícitas e implícitas, negociadas em conjunto ou estabelecido *a priori*. Eu definiria o cenário como o ambiente espacial e temporal de uma ação narrativa que oferece a possibilidade de dar forma (cenário) ao tratamento, por meio de um processo definido e pensado. Negociar o número e o tipo faz parte da configuração do número de sessões: com que frequência, ligar para quem, reuniões que duram quanto tempo e custo. Poderíamos considerar a organização do espaço e do tempo no relacionamento como uma prática social e cultural que varia de modelo para modelo e dentro do mesmo, de situação clínica para situação clínica, resultado de regras cada vez menos padronizado, consequência de negociações e escolhas. A organização do ambiente nunca é neutra, e o que acontece no consultório pressupõe significado na medida em que é enquadrado por regras específicas, mais ou menos explícitas, mais ou menos rígido. É uma imagem da realidade que organiza e traz à tona a ritualidade do trabalho clínico.

Consideramos o cenário como a emergência dos ciclos de *feedback* após o relatório e análise da demanda, como um derivado de formas recorrentes. Consideramos isso como uma metáfora da autonomia do sistema terapêutico, de sua estrutura interna. Mutável, portanto, nós, pessoas sistêmicas, raramente propusemos configurações rígidas. Estamos inclinados a estabelecer algumas regras essenciais, porém sujeitas à negociação. Este não parece ser o elemento constante do processo clínico tanto quanto a figura do próprio terapeuta, seu posicionamento cognitivo e emocional em uma posição de dúvida, de não aceitação dos mapas que lhe são trazidos, em uma posição curiosa e respeitosa. É a posição epistemológica que assumimos, atuando como uma constante no processo, como um grão de areia entrando no olho do outro, então o olho deve se organizar para expulsá-lo. Fomos os primeiros a sair da sala de terapia e "sujar" o ambiente, convidando mais pessoas, reunir-se em outros locais, não sendo rígido quanto à duração e frequência.

Embora o cenário tenha sido dessacralizado por nós e não seja usado como marca de contexto rígida, é uma constante que participa da perturbação.

A sala é decorada de uma certa maneira com atenção aos detalhes, alguns objetos de transição (por exemplo, dos autores, o chá disponível para quem está na sala), mas também a forma de vestir não é neutra. Em uma pesquisa nunca publicada (II Centro de Psicoterapia Cognitiva, Roma) perguntou aos clientes e terapeutas quais acontecimentos favoreceram a mudança. Médicos relembraram cirurgias complicadas, teóricos da redefinição e movimentos estratégicos ou paradoxais, enquanto os clientes mencionaram muito os eventos mais relacional e emocional: ser acompanhado até a porta ou um colar em comum com o terapeuta, uma forma semelhante de se vestir, a escolha das cores na sala de terapia e em sua casa... quase sempre uma partilha não verbal que construiu uma cumplicidade forte e emocional.

Capítulo 10

Operações necessárias e não suficientes para boas práticas: operações em operações

Umberta Telfener

Homens e mulheres são a sua compreensão.
(Heinz von Foerster)
Ruído significativo requer um coração.
(Brad Keeney, 2011)

Até agora, escolhemos algumas operações entre muitas possíveis, aquelas que parecem mais cotidianas e explícitas. Neste capítulo, pretendemos refletir a respeito das outras operações, menos óbvias, mas igualmente "necessárias", se considerarmos o tratamento de um processo de segunda ordem. O que é mais importante fazermos juntos é sermos capazes de ver através dos olhos do outro, de levar as pessoas a inventar novos roteiros, desconstruir as premissas, aumentar os níveis de liberdade. Lá trataremos de operações mais específicas, sempre ligadas à conceituação do cuidado como operação de segundo nível.

Agir com atenção

Ao falarmos de reflexividade, não nos referimos a uma operação que acontece apenas na cabeça do terapeuta e nem mesmo uma única operação, algum tipo de Gestalt, que nos leva a nos vermos no ato de observar, de uma vez por todas.

Queremos dizer um operador que implementa uma série de operações, que podem ser realizadas aprender um por um e somar, o que pode ser implementado voluntariamente, desde que eles não se tornem automáticos. Na verdade, a reflexividade refere-se à circularidade organizada por ações que ocorrem em diferentes níveis: o que é dito e como é dito, como é ensinado e o que é ensinado... a cobra Oroboro, o arquétipo, vem à mente da circularidade, a cobra que come o próprio rabo e traz à tona o novo por meio de sua submissão e imersão no processo de criação. Peter Harries-Jones (1995, p. 3), referindo-se a Bateson, define recursão como a situação em que "eventos eles continuamente entram e reentram no universo que descrevem, tornando-se interconectados em conexões com ele."

Como seres dotados de subjetividade, pensamos que a reflexividade se torna um processo automático, mas não é automático no início: refletir sobre a reflexão é uma operação que deve ser aprendida, para não justificar tudo o que fazemos. Ele permite que você não proponha uma visão única de uma situação, que veja polifonia, que não pense em termos normativos e estáticos, mas pense e coloque um pensamento em ação processual e evolutivo. Envolve assumir mais de uma posição em relação ao conhecimento, entendido como ações e reflexões. Seguem algumas operações que amplificam nossa reflexividade, operações fundamentais para colocar em prática a consciência reflexiva como um trabalho em andamento (G. Bateson, 1972; J. James, 1976):

- Contextualizar.
- Fazer uma distinção, selecionar o que é uma figura e o que é um fundo.
- Observar as diferenças presentes.
- Assimilar aquilo com que somos confrontados com as nossas experiências anteriores.
- Coletar eventos como objetos conscientes, disponíveis para criar categorias e novos quadros para interpretá-los.
- Não apenas perceber e reagir, mas narrar para oferecer explicações sobre o que está acontecendo, na forma de uma história.
- Introduzir o tempo, o que é essencial, considerando o presente como um momento que dá sentido ao passado e ao futuro.
- Introduzir o eu análogo: imaginar-nos no ato de tomar decisões com base em resultados hipotéticos, possíveis, conforme se referem a si mesmos.
- Imaginar as consequências da leitura, a relação entre ações e efeitos, à medida que se desenrolam no aqui e agora do relacionamento.
- Assumir a responsabilidade pelo que surge e pelo que acontece.

Sair do racionalismo

Vivemos em um mundo que nos impulsiona constantemente à compreensão e que imagina o conhecimento como feito de tijolos que se sobrepõem para formar um muro cada vez mais alto. A comunidade científica está entrincheirada em posições rígidas e o que não é compreendido é minimizado, refugiando-se num pensamento cientificista, racional e consequencial, que sempre endossa as lentes com o que é observado. Na terapia, em nossa opinião, é necessário usar o pensamento transversal e o acompanhamento de trilhas não ditadas pela lógica. Siga a curiosidade e as evocações, guie-se pela intuição, tome caminhos vicinais, aproveite a conversa e confie em si mesmo e nos outros. Seja apaixonado, queira transformar, abandone as certezas. Adicione "as entranhas", sensações intuitivas, pensamento abdutivo, experiência pessoal, imaginação.

Deixar a dualidade dialética em favor da multiplicidade significa abandonar a ideia da verdade para aceitar a dispersão e as diferenças, renunciar à coerência e, *a priori*, não tente uma conciliação de opostos; aceite o acidente.

Há situações em que o problema está tão encistado, tantas palavras foram gastas, tantas soluções tentadas em vão que se torna difícil propor um contexto evolutivo. São situações em que pode ser útil construir um ritual muito poderoso e permite que você crie um evento emocionalmente denso e significativo que pode "abalar" o *status quo*. Jodorowsky – desconhecimento sistêmico – fala sobre **psicomágica**, nós, sistêmicos, podemos propor até rituais "poderosos" que amplificam o *status quo* e que coloca os participantes numa situação paradoxal. Temos uma longa tradição a este respeito, pensemos nas cartas de agradecimento a pacientes anoréxicas propostas pelo grupo Selvini Palazzoli, à mesa, todos reunidos para um jantar; pensemos nas tarefas ritualizadas e repetitivas de muitos clínicos sistêmicos; pensemos finalmente no trabalho possível na sala de terapia, criando ativamente um contexto protetor com o outro e um impulso para ir além dos limites habituais.

Amplificar emoção

Um aspecto fundamental é acessar a emoção. Vivemos num mundo onde não há tempo para chorar, muito menos para ser reconhecido em nossa dor, onde sentir-se bem se tornou uma obrigação social. Ser capaz de testemunhar a dor torna-se um privilégio, às vezes uma necessidade. Tenho certeza de que os clientes se lembram com mais frequência as sessões emocionais, aquelas em que se sentiram tocados por emoções que "permaneceram na garganta". Se a terapia é o domínio de explicações/ações em que se trabalham narrativas compartilhadas, o contrato emocional é baseado na confiança mútua, na transparência das próprias emoções, no esclarecimento dos estados de espírito. A imagem do trabalho terapêutico e o sentimento que procuro pessoalmente é o de me encontrar no mesmo barco, ter objetivos comuns, compartilhar trabalho e trabalhar ao longo do caminho. Portanto, a necessidade é limpar as emoções e considerá-las parte do processo, em vez de independente e a-contextual.

O trabalho específico sobre as emoções permite colocar as pessoas em contato com sensações, memórias. Ceder às emoções não é fácil: alguns indivíduos ficam assustados, eles não pensam neles como um recurso. O choro, por outro lado, pode ser um momento de cura, pode – mas não necessariamente – permitir que você se lembre, acesse uma vida independente do contexto de origem, exatamente porque oferece a oportunidade de perdoar; então, às vezes, corremos o risco de pensar que chorar só está bem se for ligado à tristeza, e não se for um grito de alegria. Seu uso adaptativo é tudo, desde inventar, porque é passando pelas emoções presentes que conseguimos acessar os recursos das pessoas. Segundo Lynn Hoffman (2002), existem **canais subterrâneos** de comunicação instintivos e diretos entre terapeuta e clientes – pré-verbais –, que permitem a comunicação mesmo emocionalmente de forma tácita e cruzar essas **janelas de consciência** (K. Tomm, 1989), que permitem a passagem de informações.

Enrica não consegue esquecer um rapaz com quem esperava se casar e com quem teve quatro relacionamentos intensos meses antes de ser abandonada repentinamente. Eles haviam feito planos de casamento e ela iria também se mover no trabalho, para estar perto dele. O tempo passa e não esquece. Eu ouço e preciso acessar a esfera emocional para estimular ativamente suas memórias: "Mesmo em sua infância foi como agora? Quando?" Enrica começa a chorar desesperadamente, e sim, ela se lembra de quando descobriu "os defeitos" de sua família: sua mãe e sua avó paterna se odiavam, e até mesmo a mãe e o pai não se davam bem. "Eu também não acredito em casais na família, não acredito depois do que vi entre eles!" Seu roteiro "temeroso perfeito de Deus" começou a desmoronar, as lá-

grimas fluem abundantemente. Pessoalmente estou convencido de que Enrica finalmente conseguirá se desapegar do ex e enfrentar a relação entre o que ela acredita que deveria fazer, o que os outros esperam dela e o que ela realmente sente.

Usar a linguagem para refletir sobre a linguagem

São ações comuns como falar, e a escolha específica e cuidadosa de palavras, criar contextos de significado; são os passos de dança da linguagem, com música (conteúdo) ser importante. É a dialogicidade da linguagem (o convite e a necessidade de dançar juntos) que determinam as posições que assumimos. "Na sua função a linguagem vai em direção, chega aos outros, e esta é a raiz da consciência ..." A linguagem cria a realidade de que todos vivemos juntos na terapia. É o bisturi nas mãos do clínico e ao mesmo tempo o húmus que constrói a realidade terapêutica. Requer atenção constante.

Von Foerster (1987) entusiasma-se com a magia da linguagem, da sua inevitável circularidade, da invenção que ela acarreta: as perguntas que os médicos fazem permite aos clientes romperem com o seu roteiro habitual e inventar-se. Deixe-o continuar (1987b): "Compreender a linguagem é difícil. Ao tentar fazê-lo, a própria linguagem torna-se o seu pior inimigo, uma vez que sua aparência contradiz sua função. Sua aparência parece denotativa, um monólogo sobre as coisas do mundo; em sua função dialógica é conotativo e refere-se aos conceitos na mente do outro. Como podemos passar da aparência para a função e da função para a aparência, já que uma é necessária para acessar o outro? Um paradoxo, um círculo vicioso, um caso de lógica perversa, ou melhor, inversa; uma lógica com a qual Aristóteles nem sequer teria sonhado, exceto em seus próprios pesadelos. A linguagem, o agente coordenador das ações entre os humanos em conversação, é simultaneamente o culpado e o herói (p. 311). (...) A linguagem não é monólogo, mas uma operação dialógica em que o fundo é o espaço de possibilidades, o que nos permite ouvir tanto o que é dito como o que é calado. O significado é criado por meio da escuta ativa, em que a forma linguística estimula a interpretação, em vez de transmitir informações. O plano de fundo não consiste em um conjunto de proposições, mas consiste em nossa orientação e cuidado com o mundo (p. 312). (...) A função básica da linguagem como sistema de orientação comportamental não é a transmissão de informações ou a descrição de um universo independente de que podemos falar, mas a criação de um domínio consensual de comportamento entre sistemas que interagem linguisticamente. A linguagem não transmite informação, ela evoca uma compreensão ou escuta que é a interação entre o que foi dito e as expectativas já presentes no ouvinte. Deste ponto de vista, a linguagem não é mais do que apenas um meio reflexivo, mas também construtivo. Criamos e damos sentido ao mundo que habitamos e partilhamos com os outros. Ou seja, desenhamos a si mesmos e aos outros pela linguagem (p. 314).

Concretize imagens mentais, construa metáforas, proponha palavras-chave para que o cliente possa levar para casa a sessão, tornando as operações terapêuticas importantes (Telfener, 1996), criando um elemento de constância, um núcleo duro, em torno do qual as pessoas podem pensar durante o intervalo entre uma sessão e outra. Um elemento denso e concreto em torno do qual podem girar interpretações, significados, fantasias, hipóteses. Assim, torna-se importante que o clínico reflita sobre como ele utiliza a linguagem, que escolha as palavras que ele faz, como ele a acompanha e a desenvolve. Atenção é à forma de diálogo.

Certo dia, enquanto passeávamos por Nova York com meu professor Heinz von Foerster, passamos na sede do New York Times, um conhecido jornal americano. Na porta de entrada estava escrito Tell it a it is (Diga-lhe um isso é). "Olha que ingênuo – comentou – teria sido mais correto se tivessem escrito É como você conta".

Preste atenção às experiências iniciais e pré-verbais na terapia. Às vezes, há a sensação de que os pacientes não sabem como acessar alguns acontecimentos de suas vidas e as experiências a eles ligadas e que marcaram "patógenos" sem narrativa, ancorados em uma memória pré-verbal. Não é por acaso que a narração é a tentativa de colocar em palavras as experiências vividas. Você sempre pode fazer isso com aqueles que aconteceram em períodos muito iniciais ou muito doloroso e "removido". Algumas experiências traumáticas, por exemplo, não acontecem colocadas em palavras e não podem ser verbalizadas, porque são gerenciadas em nível vegetativo por cérebro reptiliano (organização hierárquica do sistema nervoso). Estas são experiências que, apesar de influenciarem a atitude perante o mundo, nunca foram verbalizadas e estão fora da consciência da pessoa. Geralmente, percebemos que "não dito" é não percebido, porque o que nos é dito não está em sintonia com a nossa teoria da mente.

Embora existam técnicas de respiração terapêutica e outras que buscam para compensar esta lacuna, por vezes surgem conteúdos impensáveis no processo de uma terapia verbal por meio do sentimento do clínico de que há algo mais do que enganoso. Uma possibilidade é acessá-lo pelo nível metafórico (imagens, simulados, esculturas, desenhos, sonhos), outra é usar técnicas não verbais (EMDR, hipnose, renascimento...), e uma outra forma ainda – aquela que foi privilegiada durante anos pelo sistêmico – é explicitar uma hipótese para que ela se torne uma construção especulativa/colaborativa em sessão. Trata-se de fazer um palpite fundamentado do relacionamento e referente ao jogo no passado remoto e peça ao outro para elaborar as sensações resultantes da hipótese e depois "brincar" juntos com elas, consequências de tal pensamento/emoção. "O que estamos dizendo ressoa em você?" Esta é uma frase que uso, às vezes, confiando na resposta da outra pessoa.

Leveza, capacidade de não saturar

Uma metáfora humana "antiga" levanta a hipótese de que todo mundo era um balde vazio que foi preenchido ao longo da vida, uma tábua de cera intocada que estava sendo escrita. As metáforas mudam com o tempo e à medida que a tecnologia avança, não pensamos mais em nossas mentes e nas de nossos clientes como um contêiner que pode ser preenchido com informações. Contudo, muita informação pode saturar o processo de hipnotização e matar a curiosidade, diminuindo a capacidade para agir, pois estão saturados. Cada vez que entramos em uma situação e criamos com o outros um novo sistema, respondemos ao que nos é trazido e, por sua vez, lançamos estímulos e somos organizados por premissas. É importante que a discussão permaneça em aberto, que a história que nos contam continua a ter elementos de mistério, que as micro transformações que produzimos não estão sob nosso controle. É importante deixar espaço suficiente para que a vida possa emergir.

Também é importante que mantenhamos a capacidade de sorrir diante de como a vida propõe, sempre, que consigamos não nos sobrecarregar com o peso dos problemas. A capacidade de rir de si mesmo, dos outros e da vida implica observar de múltiplos pontos de vista; observar e encontrar o menos banal e o mais "estranho", implica ir mais longe superar os limites que o conceito de "verdade" corre o risco de nos impor.

Uma mulher de trinta anos, filha paterna de uma família muito unida, em um ano, perdeu pai e irmão, ambos por doença. Ela retorna à sessão logo após a morte do pai, tendo sofrido um acidente de carro depois de não respeitar uma placa de pare e bater em um velho de 86 anos. Seu carro ficou destruído, mas ninguém ficou ferido. "O pai e o irmão a protegeram e podemos comemorar o fim dos infortúnios. Os infortúnios vêm três a três. Agora começa a fase de sua vida de exploração. O tempo de cuidado e dor acabou. O que ela quer alcançar nessa nova fase?" digo a ela com um sorriso velado, e trocamos o primeiro olhar de cumplicidade depois de muito tempo.

Procurar o sistema de consistências do paciente

Compreender um problema significa conhecer a forma como os elementos da natureza diferentes interagem entre si, criando uma unidade coerente que parece óbvia para o paciente. Estou falando de desenvolver uma coerência muito estreita entre comportamentos, ideias e interações, sintomas físicos e mentais, sensações, percepções, eventos, despedidas... Todos os elementos que devem ser incluídos num quadro homogêneo, temporalmente definido. Como se houvesse um espírito unificador, um núcleo, um oikos (Routledge, 2012) que devemos rastrear em todos os sistemas com história.

O conceito de “atrator” é, na minha opinião, isomórfico ao que estamos falando, por se tratar do núcleo de características psíquicas em torno do qual o funcionamento de um indivíduo, suas explicações sobre si mesmo e sobre o mundo, é um núcleo semântico ainda mais evidente e explícito na presença de um sintoma. Lá, a Psicoterapia pode ser considerada um novo processo emergencial de atratores, que levam à formação de novas conexões entre intrapsíquicos e intersubjetivo, entre intersubjetivo, intrapsíquico e cultural. É necessário que, portanto, identifiquemos aquele nó que explica a coerência entre ações, pensamentos e eventos, entre humores e escolhas.

É, portanto, necessário procurar o “ajuste”, a explicação coerente com respeito às premissas no campo. Restabelecer conexões entre memórias e entre memórias e comportamentos (“coconstruir coerências”) equivale a recompor figuras, desenhos e arquitetura.

Chega a mim uma família cujo sacrifício do paciente serve para manter a família unida, caso contrário, desmoronaria, e não estou falando isso de brincadeira, pois acredito muito sinceramente. Augusto é um garoto de 16 anos, que age como um “parafuso a menos”, com seu comportamento para uma família em desordem. Ele é um “sem parafuso” na aula, mas é repreendido, e, quanto mais ele atrapalha, é suspenso, quanto mais ele maltrata os colegas, mais ele exige indiretamente, que a mãe e o pai se encontrem, a fim de se preocuparem com ele. Quanto mais isso acontece, mais enquadra a irmã de vinte anos que está quase longe de casa. Seu sintoma, tão incômodo para ele, é útil para a família nuclear e alargada, o que certamente não é com bons olhos uma separação, sobretudo porque a mãe depende economicamente do pai.

Procurar a integridade do sistema terapêutico do recém-nascido

Não podemos ser impessoais se quisermos trabalhar com outras pessoas. É necessário não permitir que emoções negativas e visões catastróficas nos governem. Essa atitude implica superar limites tacitamente impostos pela cultura em que vivemos. A responsabilidade e a autoridade vêm de dentro e é fundamental não cair em conluio e não acreditar que o mundo determina o que nos é apresentado, mas tenha sempre em mente a autorreferencialidade de cada situação.

Nós e os usuários fornecemos os estímulos, e o mundo está aí como consequência. Buscar a integridade significa, portanto, permanecer dentro de uma estrutura cheia de otimismo e aberto a novidades e despreocupação (a ideia de irreverência de Gian Franco Cecchin (1992) é um componente disso, o humor faz parte). Isso significa que não ser engolido pelo mundo e sua negatividade, não se identificar com os acontecimentos, manter distância segura. O esforço para conquistar a si mesmo e aos seus desejos/hábitos de adaptação à trama mais "popular" dá-se pela capacidade de criar conexões plausíveis e coerentes. Por isso, somos a favor do trabalho de si mesmo por parte do clínico em formação, porque a evolução é um ingrediente fundamental.

Integridade é entendida como a capacidade de dar a cara e participar da conversa, apresentar-se, abandonar o papel, sair da sala de terapia sem suas preocupações e idiossincrasias. Desistir da rotina, procurando ativamente. Apresente também o coração e as emoções que as histórias ali narradas despertam, monitorar pensamentos, sensações, emoções. O paciente torna-se o nosso melhor colega, uma pessoa com quem estamos conectados e com quem colaboramos busca pela desconstrução do problema.

Hamid é um menino palestino que estuda medicina na Itália e pede terapia porque "constantemente insatisfeito com a vida, apesar da sorte de estar na Itália", ele se sente "mal-agradecido" pela sorte de estar na Itália. Se sente "fora de lugar". Não consegue fazer durar as relações afetivas, fica muitas vezes insatisfeito e cai em buracos negros de angústia. Quão importante é a sua origem no seu humor? Ele se sente culpado por estar, como seu pai, na Europa? Quão importante é o próprio fato de fazer terapia, uma prática ocidental, e falar de si mesmo em vez do destino do seu povo? Hamid e eu temos que dar permissão um ao outro para os diálogos que teremos juntos e investigarmos estar "deslocado", "fora do lugar" em relação à sua história familiar e respeitar a distância cultural entre nós. Somente quando tivermos estabelecido uma relação clara entre nós, seremos capazes de acomodar suas emoções pessoais e cuidar de sua personalidade.

Manter uma atitude de investigação ativa

Participamos em primeira mão do que emerge no encontro terapêutico e a mostramos a partir de uma posição composta: somos nós que devemos aprender com o outro, os fragmentos das suas vidas e nós também somos os especialistas da mudança, somos convidados em suas vidas e anfitriões no cenário. Ocupamos mais cargos do que parece, pois devemos nos relacionar ativamente com a narrativa que chega até nós. Devemos pensar ativamente juntos no impensado: por subtração, desconstrução, divulgação, por meio da assunção de múltiplos pontos de vista, mudando a perspectiva, ampliando o contexto, invertendo atribuições.

Ser ativo significa pesquisar com base em perguntas o que existe, ter curiosidade, em vez de esperar que as pessoas nos digam o que sentem, isso significa pensar que temos um laser que possa resolver prontamente alguns problemas que você considera importantes, enquanto outros podem ficar em segundo plano. Tem um significado múltiplo e nos leva a reconstruir a integridade da situação clínica: não apenas formular hipóteses, mas também transformar, trazer à tona dados inéditos; encontrar um significado novo e original, fatos que são silenciosos em si (coconstruindo novos roteiros pela capacidade generativa, criativa e reflexiva de questionamentos e movimentos terapêuticos), pontuam em maneira diferente e redefinir a narrativa.

Nesta perspectiva, não é necessário ativar uma história sequencial do passado para o futuro, quanto partir do presente e fazer incursões no passado e no futuro para fazer hipóteses e conexões, para usar os fragmentos que as pessoas nos dão. Mudar significados mudando a escuta e a disponibilidade. Gerar e desconstruir tornam-se operações indispensáveis.

Antônia procura terapia, porque teve dois abortos espontâneos e não encontrou tempo para lamentar as duas gestações inacabadas. Entre uma e outra, ela se casou e com o companheiro fingem que nada aconteceu. Aos poucos, Antônia vai ficando cada vez mais cansada e triste. Ela estaria pronta para me dizer toda a sua vida, a felicidade de ter conhecido seu companheiro, tão sempre ativo e o casamento em mínimos detalhes. Pessoalmente, estou procurando uma história de aborto em seu passado de três gerações e a uma pergunta específica recebo uma negativa: "Ninguém teve uma história como a minha!". Continuo minha procura porque "sinto" e imagino que poderia haver uma história como essa no passado desta família. Na segunda sessão, Antônia de repente lembra que sua querida avó Antônia disse que ela teve dois abortos espontâneos antes do nascimento da mãe de A., dois abortos dolorosos e depois disso ela teve uma filha e depois outra. Quando a avó morreu? Há cerca de três anos, mas Antônia nunca foi ao cemitério porque só a ideia de ver o túmulo a fazia sofrer muito.

Peço à jovem que vá ao cemitério e converse com o que está em sua mente, com a avó, perguntando-lhe como os acontecimentos se desenrolaram e suas emoções a respeito. Um mês depois, A. me disse estar grávida e com medo de perder esse bebê também. "Mas se a vovó tivesse apenas dois abortos antes de se tornar mãe, por que ela deveria fazer mais? Por que não pensamos que ela também será capaz de nascer bem como sua avó e ter um filho?"

Propor ações terapêuticas e palavras

É importante não apenas pedir, mas também fazer e mandar fazer, agir ao recontar e sobre refazer. É importante fazer perguntas para perturbar e dar ao mesmo tempo tarefas e pedir experimentos alternativos ao roteiro usual. Faça isso em sessão e em casa.

Por que isso? Porque existe o risco de as palavras se tornarem "ruído" (afirmou Mara Selvini Palazzoli, sobre famílias com transição psicótica). Porque forçar-se a implementar comportamentos alternativos produz novos pensamentos e abre-se para a possibilidade;

porque – diz nossa literatura – o conhecimento vem do fazer. O saber é consequência do agir, todo aprendizado surge de uma ação:

- a ação é o ponto de partida, o mundo que emerge é determinado pelas operações que nós terminamos.

Depois de visitar o Malborough Family Centre em Londres (Eia Asen, 2001) acredito que poderia ser útil dar aos indivíduos em terapia uma câmera de vídeo para levarem para casa ou um gravador para registrarem o que acontece no espaço entre reuniões; contudo, colocá-los na situação concreta de agir e apresentar suas emoções e eventos, transferindo-os para vídeo/áudio, para observar um situação de múltiplos pontos de vista: atrás de uma câmera as emoções serão protegidas e o observador poderá se sentir mais distante do objeto; usando um gravador a consciência do que está acontecendo muda, mas uma discussão também cessa se assim for ligar o gravador e um ato violento é "perturbado" se a câmera estiver ligada.

Sempre entendemos essas técnicas, como também acontece em Malborough Centro Familiar, dentro de um pensamento sistêmico, de uma hipótese sobre o relacionamento terapêutico, certamente não como técnicas que possam ser úteis por si mesmas.

Até nós, médicos, somos forçados a "sujar as mãos" e sair do domínio de explicações ao de ação. Temos de decidir se um dos pais é demasiado violento para ficar em casa com os filhos, se é ou não necessário retirar uma criança da família etc. De uma forma muito interessante, Peter Lang (1993) divide o que fazer com cada operador em dois domínios separados e distintos: o **domínio de ação clínica** (no qual se intervém para fazer, para separar ou reunir pessoas, para proteger e avaliar) e o **domínio de explicação** (o domínio mais especificamente terapêutico em que se busca possíveis conexões entre ideias e ações, evitando julgamentos de valor). É eticamente incorreto passar de um para outro sem o conhecimento do usuário, portanto, nos casos em que assumimos a responsabilidade de "agir" para proteger um menor, somos obrigados a deixar claro que estamos saindo de um quadro narrativo para nos tornarmos agentes ao controle.

Minha colega Lara Villani pediu em casamento uma paciente alexitímica de 24 anos – que havia passado por um abuso quando adolescente, e que não quis falar sobre a experiência e suas consequências – para fazer uma fita musical que representava seus sentimentos após o evento traumático. Ela teve que colocar a música de suas emoções na fita e elas a ouviam juntos, mesmo em silêncio. Esse trabalho permitiu à menina identificar e processar emoções já em processo de gravação de fita. A terapeuta explicou que as emoções que experimentou na sessão de escuta ativou, sem necessidade, a menina contar os acontecimentos. Elas falaram sobre emoções em vez de fatos.

O uso de técnicas emprestadas de outros modelos

Nos é cada vez mais claro que a perspectiva sistémica constitui uma "moldura" como enquadramento para a leitura de situações e para a explicação do que se passa e do que nos chega. No entanto, existem muitas maneiras de descrever os estados da psique e as relações. Isto nos leva a utilizar técnicas de outros modelos, que facilitam e ampliam o processo e nos permitem introduzir diferenças que criam a diferença. Embora os alunos estejam sempre em busca de técnicas, em nossa opinião, é o referencial epistemológico o que faz a diferença, enquanto as técnicas utilizadas são uma ou mais vezes, apenas enzimas que nos permitem enriquecer e diversificar o processo.

É cada vez mais comum integrar o EMDR nas sessões (entre outros Esther Pedone, 2010). Isto se mostra útil em situações traumáticas, tanto que nos serviços anglo-saxões os psicólogos devem saber praticá-lo para serem contratados. O EMDR permite que as duas partes do cérebro se comuniquem e analisem uma situação de forma não verbal, por meio das imagens que nosso cérebro nos fornece (o hemisfério direito está ligado ao mundo, é analógico e simbólico, pensa em imagens e abduções; o da esquerda organiza os dados e os conecta com o que foi aprendido no passado, pensa de forma linguística, está atento aos detalhes, diz EU SOU e nos separa do universo).

Pessoalmente, utilizo técnicas emprestadas do Teatro dos oprimidos (Boal) para encenar casais em situações em que se sentem oprimidos ao identificarem o outro como opressor. A técnica pede que depois de encenar a escultura animada pensemos juntos nas diferenças que devem existir aconteça para que o significado pragmático do comportamento mude e haja um final melhor. É interessante que são os oprimidos que devem mudar e as regras do jogo não podem pedir que o opressor mude.

A troca de presentes e o uso de rituais

Cada vez que vejo xamãs trabalhando em diferentes partes do mundo onde vou procurá-los, fico impressionada com os rituais que realizam e dão enorme importância. A relação entre ritualidade e emoções parece-nos importante.

Pensemos no exame médico de um cidadão não pertencente à UE para quem compra um poder de cura também a própria visita como um ritual, uma oportunidade a ser considerada e tocada.

Os rituais nos permitem honrar um roteiro que foi recontado muitas vezes, eles interrompem uma causalidade muito estreita, suavizam uma rigidez, introduzem repetitividade que se conecta ao passado e torna o momento importante. Eles criam um espaço de compartilhando conectando pessoas, eles apresentam o sagrado. Nós poderíamos definir "viagens à causalidade" para acessar outras formas narrativas, por exemplo, usar uma visão mais ampla e não convencional.

Nossa capacidade de realizar rituais não é reforçada pela cultura mundial ocidental dominante que limitou a sua importância. Pensamos na morte o tempo todo menos ritualizado, mas também a qualquer mudança de estado na vida dos indivíduos que não é celebrado com rituais de partilha coletiva: a transição para a idade adulta, a maturidade, a graduação, a coabitação, um objetivo, uma separação, um viajar, um novo emprego... Meu colega e amigo Christopher Kinman (2011) propõe a metáfora de **troca de presentes**: não uma linguagem baseada em déficits e problemas, mas sim um retorno aos gestos de vida e de comunidade, um retorno rizomático: "Proponho uma realidade em que eles trocam presentes, humores, sentimentos, compaixão e bondade, em cujos momentos de vida e esperança se tornam trocas, de mão em mão, de voz em voz, coração a coração (p. 24). O que as pessoas trocam se tornam presentes como em tribos aborígenes, onde ocorre o potlatch, em que as tribos em conflito se uniram para trocando presentes em incrível abundância, como se o conflito passasse para a corrida dar. Ver um cliente, olhar nos olhos dele, ouvi-lo com respeito e atenção, permita que ele nos veja como somos; sorria, encontre um tópico que interessa a ambos, não tenha medo do contato e do encontro, já são presentes que temos, troque respeitosamente.

Penso numa história de Margaret Mead: em uma comunidade tribal alguém cometeu um crime, a comunidade pediu que a pessoa reunisse todos, ficasse no centro de um círculo e ouvir o que todos tinham a dizer. Cada indivíduo, homem e mulher, dirigiu-se à pessoa para lembrá-lo de suas qualidades, motivos pessoais para apreciá-lo e anedotas refrescantes que ele desempenhou de maneira ideal. Que responsabilidade foi revelada! Difícil a esse ponto, continuar a cometer crimes.

Cada vez mais pessoas que descrevem um eu oscilante e que se beneficiariam ao aprender a constância do eu. Este tijolo de identidade os tornaria menos dependentes do contexto e da aprovação dos outros, aos poucos mais confiante, mais centrado. Pessoalmente, proponho terapia na construção de uma caixa que deve ser comprada e guardada em casa, repleta de objetos metafóricos/simbólicos que representam características pessoais, que representam outras pessoas significativas, relacionamentos primários e atuais. A caixa também pode ser decorada por fora com o que você quiser mostrar aos outros. Quando você se sentir inseguro, você pode abrir a caixa e navegar pelos tesouros que contém, avaliar seu peso, substituir um objeto por outro que nos represente melhor. Em volta da caixa, constroem-se rituais de autorreconhecimento e construção da constância de si.

Portanto, é um trabalho de construção de auto características o de montar uma colagem com o passar do tempo recortes que nos representam e que tentam captar nossa essência: animais favoritos, frases prototípicas, imagens que aquecem nossos corações, detalhes que gostamos... Deixe essa colagem ser feita como tarefa de casa, leva ao início de um trabalho em andamento e à construção constante de uma ideia de si mesmo tornar-se.

O uso dos sonhos

Um dos presentes que os clientes nos podem é vir à sessão e trazer-nos um sonho. Nós, sistêmicos, não lidamos com os sonhos de maneira oficial, embora muitas vezes que na terapia um cliente traz para você sonhar e pergunta o significado. Hoje em dia, nenhum clínico de qualquer direção pensa qual é o significado de um sonho dado de uma vez por todas nem deve ser subestimado. Não é o valor simbólico que analisamos sistemicamente, mas o processual: Que significado tem este sonho quando é realizado, comparado com a vida e as relações que estamos vivenciando? Analisando e com relação ao percurso terapêutico em curso? Que processo evolutivo menciona, que emoções realça, que dinâmicas sugere? Que imaginação abre e que soluções propõe? A que recursos se refere, a que situações e problemas? Os sonhos, assim como o analógico e o absurdo, dão acesso à sabedoria e ao amar e se não for encorajado pelo menos bem-vindo.

Identificar parâmetros de "cura"

Identificar parâmetros de cura pessoal – relacional –, social é indispensável; refletir assim sobre as possibilidades de alcançar um novo equilíbrio do sistema. Parece-nos interessante o dinamismo na construção de equilíbrios possíveis, que inclui recursos pessoais, familiares, amigos, mas também, sociais presentes na comunidade de vida. Neste sentido, pretendemos identificar os recursos ao alcance da mão, aqueles possíveis de trazer para fora.

Quais caminhos para quais problemas? Selecione diferentes caminhos para diferentes problemas, questões e explore a literatura dos últimos anos para se manter atualizado em relação às características e às soluções identificadas. É importante não tenha uma atitude amadora e não comece do zero sempre, como éramos novatos. É fundamental saber o que diz a literatura, quais características têm sido destacadas pela pesquisa epidemiológica no que diz respeito às diferentes síndromes e deixar-nos ajudar pelos pensamentos dos outros, favorecendo conexões de compatibilidade em vez de necessidade.

Sara é uma mulher que teve muitas calamidades na vida, mas como todos, também coisas boas. Colocar sua escola de dança estava funcionando e ela se apaixonou por uma dançarina que trabalhou ao lado dela por dez anos. Ela vem em sessão após câncer uterino (dois anos antes) e abandono pelo parceiro.

Sara tem 29 anos e sente-se muito triste. Que recursos você tem à sua disposição? Competência em seu trabalho, uma escola de dança começou mesmo que não seja lucrativa, amigos que a amam, uma mãe durona como o aço que sempre interveio financeiramente para ajudar ela e um pai emocionalmente frágil também se muito carinhoso. Sara se sente parecida com o pai e nunca assumiu o controle de sua vida, mesmo que tenha superado muitas provas com coragem. Vamos supor na sessão que, quando ela era muito jovem prometeu a si mesma não se tornar como a mãe, absolutamente focada no trabalho, distante, ausente e sem afeto. Vai ser ela não se apoderou de sua força e agora precisa aprender. Vamos estabelecer as etapas juntos, viagens e os sinais que nos dirão que estamos no caminho certo. Juntos concordamos com o programa, mas eu próprio tive de refletir sobre os recursos da Sara e não cair na armadilha de que ela e as pessoas ao seu redor, eles "adquiriram" que ela é uma mulher não confiável, que pode falhar.

Cuidar do seu crescimento pessoal

Nas práticas colaborativas que implementamos, intervêm elementos físicos, mental e espiritual, porque a saúde de cada indivíduo inclui todos eles. Que processos precisamos implementar como profissionais de saúde?

1. Acredite em nós mesmos, em outros e em processos.
2. Refletir sobre nossos preconceitos.
3. Seja flexível e espontâneo.
4. Ser capaz de lidar com a ambiguidade.
5. Acreditar em cada história uma nova história cujas nuances e o que há de diferente consideramos.
6. Tenha uma atitude de respeito pelo que não conhecemos (H. Anderson, 2012).

Como se existissem enzimas – simples fragmentos – que permitem um produto fermentar e ganhar vida. As ideias apresentadas servem para criar conexões e, portanto, complexificar a trama que nos foi trazida. O que ouvimos todos os dias modifica e complexifica a nossa forma de pensar sentir/pensar/agir. É necessário que nos permitamos esta flexibilidade, a capacidade de concordar com os outros em vez de defender arduamente as nossas hipóteses, a possibilidade de mudar pela capacidade de assumir muitas posições e adicionar nuances ao nosso repertório. A aprendizagem é um processo emocional, cognitivo e social e nós temos uma oportunidade constante de aprender em nossos relacionamentos com outras pessoas.

A capacidade de intercontextualizar (contextualização cruzada; Nora Bateson, 2012) – sistemicamente – nos leva a considerar as interdependências e padrões entre estruturas holísticas que inclui os sistemas emocionais de uma cultura; para acompanhar a evolução de ideias, cuidar dos aspectos relacionais, ampliar e permitir a geracionalidade e generatividade.

Uma **Atitude Estética** deriva precisamente da capacidade de responder e realçar as "relações entre". Inocência, curiosidade, paixão e amor pela beleza são atitudes que se cultivam através da capacidade de permanecer conectado ao que acontece, graças às diferenças. A multiplicidade é, em nossa opinião, a atitude indispensável conhecer, portanto viver e fazer terapia.

Conclusões

A responsabilidade da corresponsabilidade

Marco Bianciardi e Umberta Telfener

Para vocês dois pelos seus olhos e eles perceberam
que eles eram os nus.
(Gênesis 3.7)

Andrea é um homem de 28 anos que chega ao consultório particular depois de sete anos que tomou doses maciças de medicamentos e vegetava em casa com diagnóstico de transtorno bipolar. Ele teve dois episódios maníacos, em 2005 e 2006, e nunca mais. Desde então, ele mora em casa com os pais e, após 11 anos, eles se reuniram após sua primeira hospitalização. Esta separação foi desejada pela mãe, atriz, que havia iniciado relacionamento com um companheiro que veio morar com ela e seus três filhos, dos quais Andrea é o mais novo. O jovem tomava drogas psicotrópicas continuamente e tinha conversas semanais com seus cuidadores que "me continham e me persuadiam sempre que eu precisava e queria abandonar o tratamento." Agora ele está farto.

Investigando as razões de seus sintomas, percebo quão pouca consciência Andrea tem deles, coerência relacional do seu sintoma, da sua dinâmica familiar, de como se fez de "ferrolho" para manter os pais juntos e reconciliá-los. "Seu pai agradeceu por trazer a mãe de volta para casa?" Pergunto-lhe. Um largo sorriso cruza seu rosto: "Ninguém percebeu!! E me pai nunca disse obrigado. Ingrato."

Não podemos pensar que os nossos colegas estiveram de má-fé durante sete anos. Não acreditamos que isso é possível. Preferimos pensar que eles eram consistentes com a posição epistemológica deles, que eles acreditavam na doença mental e agiam consequentemente, prescrevendo remédios e contendo Andrea, que estava doente para sempre. Quem acredita na doença mental, no diagnóstico bipolar, não imagina alternativas. Quando argumentamos neste texto é que um psicoterapeuta deve acreditar no que acontece, mas nunca considerando isso um "fato da realidade ", interpretando-o literalmente, acreditando nele de forma alguma.

Manter Andrea em prontidão durante sete anos é, no entanto, um dano pelo qual a escolha do como intervir é um problema ético.

Acreditamos, portanto, que é necessário definir a palavra ética para especificar imediatamente o que discutiremos neste breve artigo.

Uma ética implícita

Não pretendemos falar de ética no sentido aristotélico, como a disposição para fazer ações corretas e usar o raciocínio correto para viver uma vida boa. Não, o "você deve, você não deve", "eu devo" e assim por diante. Não a ética como um julgamento moral. Não pretendemos propor uma discussão sobre as virtudes do clínico e sobre sua própria características e habilidades, nem nas qualidades necessárias para o sucesso de uma terapia de relacionamento aos tipos de problemas. E nem mesmo uma discussão sobre abuso na terapia ou como lidar com os abusos que nos são trazidos nas sessões (um tema muito popular no mundo anglo-saxão).

Optamos por usar o conceito de ética tal como Wittgenstein o entende na proposição 6 421, que afirma: "É claro que a ética não pode ser articulada, não pode lidar com recompensas e punições." O autor demonstra como as pessoas não representam a ética tanto quanto a incorporam. Mesmo para von Foerster (1990), é claro que não podemos falar de ética sem cair no moralismo, ele propõe deixar falar em seu lugar duas "irmãs" da ética, o que lhe permite permanecer escondido criando uma moldura à vista de todos, um tecido tangível dentro do qual e sobre o qual podemos tecer as tramas de nossas vidas. Isto é metafísica entendida como a escolha epistemológica que cada pessoa faz, ou seja, a lente através da qual escolhe-se observar ("a necessidade de escolher com relação às decisões que são para princípios indecidíveis") a dialética, entendida como linguagem, dança, narração e uso da linguagem nas relações com os outros e com a comunidade.

"Podemos imaginar um mundo externo, separado de nós, no qual intervimos, um mundo de sistemas observados; neste caso a liminar faz sentido: 'você deve'. Podemos alternativamente imaginar participar num mundo em que o ator age sobre si mesmo, porque está incluído na organização do próprio mundo. Trata-se do mundo da injunção "eu devo ". Pular de uma maneira de pensar para outra tem como consequência, um salto nos fundamentos epistemológicos da ética". O clínico não contempla objetos, matéria, território, mas favorece processos recursivos de segunda categoria, ordem, mapas de mapas, pontuações de pontuação, controle de controle, *feedback* de *feedback*, mudança dos processos habituais de mudança. O foco muda para o "padrão que conecta" o sistema do consultor ao sistema do cliente, por meio de um processo que implementa tanto impulsos para a estabilidade como para a evolução. O foco muda para a reflexão sobre ideias: acreditar, mas também colocar em prática dúvidas, procurar motivos dos sintomas, mas também recursos do indivíduo e do sistema, refletir sobre a participação de todos os participantes da realidade, os quais saímos comparar. O ponto importante passa a ser o encontro e a superação de identidades separadas, o que especificamos nos capítulos anteriores.

O comportamento estereotipado e rígido de Andrea quando ele aparece para sua primeira visita ao estudo da Psicoterapia, é fruto da dança que perdura desde o início do primeiro sintoma, em 2005, e que envolve não só ele, mas também seus irmãos, seus pais, o médico que primeiro fez o diagnóstico de bipolarismo e todos os outros operadores que tiveram sucesso ao longo do tempo. Cada um participou de uma dança que parece nunca ter questionado as premissas: que Andrea estava doente e precisava de tratamento com drogas. Cada intervenção não fez nada além de encistar o problema cada vez mais, até que todos eles estavam cada vez mais convencidos de uma única verdade.

Pretendo permitir que a linguagem e as ações fluam no rio subterrâneo da ética sem que ela se torne explícita, para que a linguagem não degenere em moralização. A atenção ao devo tornar-se mais importante do que sugerir que outros se comportem corretamente. Cada vez que atuo aqui e agora, não apenas mudo, mas o universo também muda. Esta posição liga o sujeito às suas ações em forma indissociável de todas as outras, estabelece, portanto, um pré-requisito para fundar ética. Da perspectiva da cibernética de segunda ordem e do construtivismo, a liberdade de enfrentar uma situação nos é devolvida e com ela nos é devolvida a responsabilidade.

A ética torna-se implícita, a responsabilidade, explícita. De uma perspectiva construtivista, o terapeuta não sabe mais ou melhor do que o paciente: suas teorias, suas hipóteses, suas narrativas não são verdadeiras nem falsas, são exatamente tão plausíveis quanto as do paciente. O que os diferenciam é o fato de que as hipóteses do clínico devem ser colocadas e mantidas em um nível diferente na ordem lógica em relação aos do paciente: não no nível dos conteúdos de conhecimento, mas dos processos que constroem o conhecimento; não no nível do "saber", mas no (segunda ordem) nível de "conhecimento de conhecimento".

A primeira decisão indecidível é se faço parte do universo ou se estou separado dele. "A ontologia e, claramente, a objetividade são usadas como saídas de emergência para aqueles que desejam obscurecer a sua liberdade de escolha e, assim, escapar da responsabilidade por suas decisões – escreve von Foerster. Remova o observador deste, pois quem observa o liberta da responsabilidade pelo que faz: ele é assim reduzido a um papel de máquina passiva (e objetiva), um simples registrador do processo que ocorre no seu interior e exterior. A invenção da objetividade e das hierarquias tornou possível não localizar a responsabilidade. Para alguns, a responsabilidade é um fardo intolerável, embora seja mais fácil dizer "você deve", "você não deve" e dar origem a códigos morais".

Voltemos a Andrea. Assumir uma posição epistemológica "correta" significa estar consciente que o que vemos é organizado por premissas, as quais parecem óbvias, mas que, por sua vez, devem ser questionadas. "O que eu penso sobre a síndrome bipolar? Que mundo relacional, que psicólogos, psiquiatras e os outros operadores pensam que a doença de Andrea está estável e como reagiriam às minhas intervenções? Qual o sentido de ter sintomas aos 21 anos para Andrea? Como a relação com os irmãos justifica o fato de que ele próprio se torne o paciente designado?" Há tantas perguntas. Contratar uma dupla posição significa tanto participar da conversa com ele quanto se desapegar para pensar nas premissas que guiam e organizam a conversa. Significa assumir duas posições de ordem lógica diferentes e manter ambos ao mesmo tempo.

Responsabilidade na reunião e no diálogo

Outro aspecto a levar em consideração para a ética do "agir" é a compreensão dialógica como um intercâmbio linguístico, envolvendo pelo menos duas pessoas ("Num diálogo falo comigo por meio de você"), o uso da linguagem para construir a identidade e mantê-la ao longo do tempo nos relacionamentos com outras pessoas. A magia da linguagem! A sua circularidade, a invenção que isso implica! A linguagem como um domínio dentro do qual as pessoas adquirem um senso de identidade, que é constantemente "reajustado" no relacionamento com uma comunidade de observadores.

Os passos de dança da comunicação, com ou sem a música (os conteúdos), o seu diálogo, o convite e a necessidade de dançar juntos, a troca que faz das pessoas, por meio de perguntas, poetas e inventores. Acesso a linguagem tornou o homem livre para construir realidades imaginárias, virtuais, desejadas ou "realidades" e sonhos: a linguagem inaugura a possibilidade de narrar e renarrar versões para si mesmo sem experiências novas e mutáveis da própria experiência.

Se eu quiser que Andrea leve em consideração minha proposta depois de tanto tempo, um roteiro diferente do habitual, tenho que disponibilizá-lo para me ouvir. Como fazer? Eu explico a ele que o vejo rígido, apenas seus olhos permanecem vivos. Quando você decidiu se sacrificar pela sua família? Esta pergunta o intriga. Ele me ouve com atenção. Ele me disse que seus pais não se separaram quando ele era pequeno. Quem sofreu mais? Certamente seu pai, ele responde, então quem era o pequeno da casa. Ele nunca aceitou isso? Não. Ele é teimoso. Ele queria trazer seu pai para casa.

Tenho a impressão de que Andrea acolheu o novo roteiro com muito entusiasmo. Seria um erro acreditar que esse enredo seja verdadeiro e não plausível. É preciso desconstruir a doença necessariamente e substituir um script por outro igualmente rígido. Quais são as diferenças entre os irmãos? Por que ele fez uma longa pausa na vida? Outra história surge: Andrea se descreve como o rebelde da família, aquele que não queria estudar, que fumava maconha, que... transgredido. Depois, a doença que o trouxe de volta às fileiras do "dever" de sua família, baseada na ética e no puritano de seu pai.

Com base no diálogo, são gerados aprendizados e novos quadros semânticos: "As pessoas devem se tornar poetas e o fazem através das perguntas que o clínico faz: é importante, por exemplo, fazer perguntas nas quais o indivíduo nunca havia pensado anteriormente, pois oferece a possibilidade de romper com os roteiros habituais, de inventar novas soluções. Ou seja, continuar Heinz von Foerster (2003)."

As escolhas feitas sobre questões que são, em princípio, indecidíveis, e o diálogo que ocorre no terreno, permitem-nos incorporar a ética e mantê-la num quadro subterrâneo.

A ética torna-se o domínio ao assumirmos a responsabilidade pelas nossas decisões. Na interdependência, o clínico só será capaz de dizer a si mesmo como pensar e agir; ele não pode deixar de estar envolvido nas escolhas que os explicam e só pode ser responsabilizado pelo que acontece nas reuniões, pois é definido socialmente como aquele que tem um papel social, que deve ajudar a quem é pago por isso.

Como observou von Foerster, na perspectiva de que propomos a liberdade de enfrentar uma situação, é nos devolvida e com ela a nossa responsabilidade também nos é devolvida.

A ética torna-se implícita, a responsabilidade, explícita; a liberdade de escolha se torna uma opção e, se você aceitar, será um presente do céu. Nesse ponto, torna-se importante refletir sobre as consequências operacionais e epistemológicas desta posição. O clínico construtivista não pode deixar de lidar com valores, não pode evitar assumir uma posição "política" e não pode evitar assumir a responsabilidade pelos seus atos.

Ao trabalhar com a subjetividade dos outros, e a própria, com as ideias e emoções presentes no relacionamento, não aplicamos mais técnicas nas pessoas.

O aspecto principal passa a ser a necessidade de assumir a responsabilidade pelas palavras e das ações no processo em andamento, a responsabilidade pelas operações propostas e da tarefa de mudar comportamentos a partir do que emerge da dança.

O que significa responsabilidade? Etimologicamente, a capacidade de responder à situação que temos de enfrentar (quem deve prestar contas pelas suas próprias ações ou pelas ações dos outros; ciente das consequências decorrentes de sua conduta (Cortellazzo, Dicionário Etimológico, 1985)).

Quais são as responsabilidades do clínico? O que consideramos mais importante é a capacidade de se incluir no processo de observação dos usuários. Entre primeiro a pessoa em relação com outro sujeito, para se colocar em posição de escuta, de mostrar curiosidade, ser incomodado pelo outro, mas ainda mais importante mostrar o desejo/disponibilidade/capacidade de se envolver com relação às categorias e ações que eles agiram para intervir.

Todo médico tem uma responsabilidade social determinada tanto pelo mandato da empresa como pela representação que ela encarna, do que pelo resultado das ações de alguém na manutenção/desconstrução de estruturas de poder. Tem depois uma responsabilidade técnica que consiste na capacidade de se considerar competente, comparado a um modelo escolhido subjetivamente, além de um relacional que, considerando a relação, a principal ferramenta do trabalho, leva-nos a refletir sobre o significado de que as próprias ações tiveram (e tiveram) sobre o(s) paciente(s) e sobre outras pessoas significativas no contexto compartilhado (Fruggeri, 1998). A vontade de mudar pessoalmente (mudar as grades de ler, rever preconceitos inevitáveis, tomar atitudes diversas, aplicar irreverência) para com o objetivo de contribuir para a construção de um contexto evolutivo e processual introduz a responsabilidade.

É pessoal. A capacidade de permanecer aberto para explorar e mudar as próprias instalações, para continuar a explorar e ser perturbado pelo mundo, monitorar os próprios preconceitos, para não cair em padrões repetitivos e/ou coniventes.

Responsabilidade para com os outros pelo que fazemos e responsabilidade para conosco mesmos por quem somos.

Responsabilidade social

- Qual papel eu tenho na organização.
- O que os outros esperam de mim.
- Como corro o risco de conspirar com o que está acontecendo.

Responsabilidade pessoal

Em relação aos outros:

- Querer se envolver.
- Ter curiosidade (entusiasmo, energia).

Para você mesmo:

- Ter a formação contínua e vontade de explorar.

Para ambos:

- Manter uma posição dupla (dentro e fora).
- Manter-se informado, estimulado, não esgotado.
- Não cair em padrões repetitivos.
- Criar um contexto de respeito.
- Complexificar/mudar instalações.

Responsabilidade relacional

- Saber se relacionar e criar uma realidade na qual seja possível trabalhar.
- Criar um clima caloroso, receptivo e respeitoso.
- Saber ser transparente, abandonando o egocentrismo.

Responsabilidade técnica

- Saber como intervir e quando.
- Ter disposição para falsificar o processo e mudar de rumo.
- Ser capaz de ler o *feedback* que você recebe.

Responsabilidade de corresponsabilidade

O outro também deve ser levado em consideração, e é importante não aceitar a sua delegação. A Psicologia está mais ligada ao cuidar do que à cura (não há doença) e torna-se essencial considerar-se no mesmo barco. Gostamos da imagem de Vittorio Guidano, que propõe a relação como a de dois pesquisadores que compartilham pesquisas, que tratam de aliviar as causas de desconforto e/ou sintomas de um dos participantes da pesquisa.

Não só isso: acreditamos que a outra pessoa também deve ser considerada "responsável" de sua visão de mundo e, consequentemente, de como ele se apresenta dentro da dança relacional conosco. Nem nós nem uns aos outros podemos controlar e predeterminar características, segundo as quais a reunião irá declinar ao longo do tempo: estas características são propriedades emergentes, e somos inevitavelmente corresponsáveis por elas. A questão é que o psicoterapeuta tem a responsabilidade de observar e monitorar constantemente o processo dos quais é corresponsável. É por isso que falamos da responsabilidade e da corresponsabilidade.

Esta responsabilidade de segunda ordem é entendida como a capacidade de ser consciente, de atuar nos domínios da produção – as ações implementadas e reconhecidas da comunidade a que pertencem –, das explicações – histórias de aprendizagem construída relacionalmente – e da estética, a elegância moral e ética com que as primeiras duas operações são realizadas (Lang, Liddle, & Cronen, 1990). Processos dos quais assumimos a responsabilidade, ou seja, tornamo-nos responsáveis por operações individuais que os fazem surgir. Responsabilidade de responsabilidade refere-se a ter que dar conta do processo de construção de realidades sociais que ocorrem em interação com o problema apresentado e seu sistema de significados.

Não há bagagem, modelo técnico nem epistemológico que podem por si só dar uma direção evolutiva ou estabilização para uma intervenção terapêutica: o significado do que um clínico faz é negociado por um processo interativo do qual todos os participantes são coautores. Segue-se que o psicoterapeuta deve conhecer e reconhecer-se não apenas como responsável no sentido clássico, segundo o qual todo profissional é responsável pela correta aplicação do próprio método e das técnicas que este método envolve. O psicoterapeuta deve também, e sobretudo, ser responsável como pessoa, e responsável em primeiro lugar por pessoa, o que acontece no encontro com o outro e o resultado que esse encontro terá.

Em qualquer caso, o psicoterapeuta é responsável pela forma como a relação se define e evolui em tempo, e que, por outro lado, as características específicas do relacionamento psicoterapêutico significa que o "tratamento" não pode ter sucesso garantido por teorias e/ou técnicas, nem pela sua correta aplicação.

Como psicoterapeuta, o profissional é pessoalmente responsável. A responsabilidade do terapeuta torna-se uma responsabilidade subjetiva e pessoal e, nesse sentido, a Psicoterapia pode ser entendida como uma prática "ética" (Psicoterapia como ética).

Desde o início, devemos decidir qual caminho é preferido para a pessoa que requer ajuda: oferecer Psicoterapia a todos não é a única possibilidade nem uma resposta eticamente correta no que diz respeito às múltiplas possibilidades de intervenção clínica (aconselhamento, algumas reuniões em vez de um longo processo, atividades de ressocialização, ligação com outras estruturas da área, encaminhamento para outras atividades...). As possibilidades de Psicologia clínica são mais variadas e maiores do que a intervenção e fator limitante da Psicoterapia. No entanto, nos casos em que um caminho psicoterapêutico é indicado, que procedimento propor? A quem você deve propor isso? Quem convocar? Qual modelo você sugere? Para quem devo enviar o usuário? Proponha-lhe um tipo de caminho apenas, por que é o único que sabemos como fazer? Existem muitas questões que envolvem ética. Ainda é, convocar toda a família, convocar parte do sistema, um único indivíduo? E quem: o portador de sintomas, a pessoa mais saudável?

Escolher quem chamar para a primeira reunião pode ser uma decisão que ameaça a vida e o nosso profissionalismo está em jogo, e lança as bases para a resolução do problema ou da sua estatização. Assim, as perguntas que fazemos, a investigação precisa ou parcial em torno do sintoma, os temas sobre os quais focamos nossa atenção inicial, a posição que assumimos imediatamente dentro do sistema, a nossa própria flexibilidade e vontade de aceitar consideração do ponto de vista do outro, nossa capacidade de mudar de ideia, são alguns entre os elementos que influenciam os resultados alcançados.

Andrea tem 28 anos, então, faz sentido vê-lo sozinho, pois ele deveria se libertar da família. Posso convidar a família para conversar sobre assuntos que dizem respeito a todos? Quando fazer isso? Certamente não imediatamente. Antes temos que estabelecer um relacionamento e pensar juntos sobre a coerência do rótulo que o paralisou por anos. Que vantagens ele teve e quais benefícios cada pessoa em seu ambiente familiar teve. Que cenário propor? Ele está pronto para mudar seu comportamento ou, tendo perdido tempo, não consegue imaginar uma vida alternativa a de uma pessoa doente?

Que aspectos homeostáticos devo levar em conta para não me tornar muito insistente em sua mudança?

A introdução da reflexividade significa não tanto responder a perguntas, mas introduzir uma visão global mais ampla. Uma recalibração constante da relação entre verbal/não e verbal/tonal, no que diz respeito ao planejamento e *feedback* obtido. A consultoria sistêmica é baseada em um processo constante de atenção ao *feedback*: não existindo um princípio de verdade *a priori* e objetiva, as informações selecionadas pelo sistema, os movimentos escolhidos e executados tornam-se – a posteriori – aqueles que para o sistema são válidas e, como tais, devem ser perseguidas.

As escolhas que enfrentamos, num processo reflexivo constante, são muitas. O mais importante diz respeito à relação terapêutica: que tipo de relação queremos estabelecer? Como salvaguardar a relação de coerência entre o que a teoria a que nos referimos propõe/impõe e quem somos – nossas características salientes de personalidade – e a teoria da mudança/evolução a que nos referimos? Como desistir do papel de especialista sem perder autoridade, sem desistir da responsabilidade pelo andamento das reuniões? Como propor um relacionamento igualitário e colaborativo entre dois especialistas, mesmo que em áreas diferentes (um dos dois, especialista de sua própria vida, o outro das regras da relação e, portanto, da mudança), respeitando a relação assimétrica entre eles e os seus utilizadores, continuando a permanecer responsável pelas escolhas e pelo processo? Como propor um diálogo transparente, em que o clínico expressa seu ponto de vista, suas ideias e suas experiências, sem ser incorporado ao sistema, sem conluio e, portanto, tornando-se um elemento homeostático?

Como propor a coparticipação, garantir a negociação de significados, a imbricação entre pontos de vista (as opiniões do clínico e dos participantes) sem se perder numa produção abstrata de hipóteses? O que fazer sobre isso? Como introduzir diferenças? Quais horários escolher?

Sabemos que nosso conhecimento depende do contexto físico e conceitual a partir do qual observamos, sabemos que a possibilidade de apreender a complexidade da situação clínica implica atenção a múltiplos níveis de observação; como relacionar o que detectamos de dentro, no domínio de significados e emoções compartilhadas, e de fora, quando nos tornamos parte de um metacontexto e o observamos de fora, a relação entre nós e os usuários e as premissas que a norteiam? É sabido, por exemplo, que os observadores atrás do espelho formam impressões diferentes das do médico dentro da sala de terapia, porque não estão diretamente envolvidos no relacionamento. Como também manter uma posição "meta", permanecendo dentro e fora da relação de igualdade e assimétrico que já mencionamos?

O que não estou percebendo, apanhado no entusiasmo desta "nova" versão dos fatos explorando com Andrea? O que não vejo e que aspectos não compreendo? Como corro o risco de conspirar com um roteiro igualmente rígido e espelhado àquele com que Andrea se apresentou em meu estúdio?

Nosso conhecimento é baseado em múltiplos níveis de conhecimento, mas como integrá-los, como respeitar os diferentes níveis do próprio conhecimento? Como gerenciar a ignorância inevitável diante de situações, como podemos aproveitar esse conhecimento insaturado?

Só podemos abordar as situações tal como elas se apresentam para nós, sem esperar conhecer "melhor" um sistema: que liberdades esta posição nos oferece? Na Psicologia clínica, mais de uma vez somos forçados a "sujar as mãos" e a passar do domínio das explicações para o da ação. Temos que decidir se um pai é violento demais para ficar com os filhos, seja necessário ou não retirar um menor da família, se o casal for muito verbal e seria melhor introduzir jogos analógicos etc. Como modulamos a relação entre essas duas intervenções distintas? Informamos nossos usuários por que escolhemos um caminho que outro? Quanto e que transparência é eticamente correta? Cada escolha que enfrentamos envolve a implementação de valores que não devem ser considerados garantidos.

Mesmo a última fase delicada do processo clínico, aquela que implica separação, já codificado no contrato inicial. Esta fase, como todas as anteriores, impõe muitas decisões que assumam um valor ético, no que diz respeito ao uso correto de si e da técnica. Deixe a porta aberta, como Minuchin, que se considerava uma espécie de "médico de família", acompanhando um sistema ao longo do tempo, ou fechá-lo definitivamente? Quando e como se preparar para o fim? Como se comportar diante daqueles que desejam interromper o trabalho clínico contra o nosso conselho? Quanto verbalizar/explicitar as emoções ligadas ao distanciamento? Comento ou não as mudanças relacionais que ocorreram, observando a mudança no relacionamento em relação a uma maior igualdade? Pedir um acompanhamento e marcar uma consulta após seis meses? Tantos pontos de bifurcação, tantas escolhas, tantas decisões.

Consideramos que a competência do clínico, o seu know-how, a sua atenção são éticas às categorias que usou, a reflexividade que ele implementa em relação aos seus próprios processos de decodificação da realidade. A capacidade de monitorar a colocação de alguém no sistema para fazer ajustes, a fim de conseguir o que deseja. A escolha de assumir uma posição de autoridade para ser levado em consideração pelos usuários e tornar-se seu interlocutor mental mesmo fora do ambiente.

Consideramos no domínio ético a capacidade de assumir responsabilidades por processo: a responsabilidade pela construção da coconstrução, pela evolução da coevolução, da criação da cocriação. A capacidade de constituir-se como constantes e constroem-se entre si, num diálogo que confirma a existência dos participantes.

Também a capacidade de assumir responsabilidade por si mesmo – conhecimento e atualização por um lado, proteção de si mesmo, das próprias necessidades, dos momentos privados por outro lado, implica atenção à ética e à estética.

Consideramos ético o sentimento de respeito por parte do clínico, que consiste na capacidade de sentir curiosidade pela história única do paciente, em sua própria singularidade precisamente, na atenção aos pontos fortes e fracos das pessoas e de suas narrativas. A capacidade de operar fora dos rótulos, *a priori*, de escapar caminhos habituais, com as soluções habituais. Para se colocar em uma posição de curiosidade onde você pergunta aos outros em vez de propor pontos de vista e teorias.

Consideramos a capacidade de levar em conta a relação entre importantes sagrados, aquela ação em que nossas ações não são conscientemente guiadas por ninguém e por propósito, e profano, que vice-versa se torna efetivo pelo uso do propósito consciente, isto é, entre ações finalizadas e planejadas e ações improvisadas e criativas como estamos diante de um processo em que não há substituição de uma "verdade" para outra, mas em que se busca um ponto de vista superior de organizar as hipóteses trazidas para a consultoria, mais ainda teremos que considerar como a assunção de responsabilidade por parte do clínico é essencial; a encarnação cada vez mais da ética torna-se inevitável.

A capacidade inevitável de assumir a responsabilidade pelo processo por parte das pessoas operadores é expressa pela escolha de ações e hipóteses:

- Saber que você é um agente social, pago para isso, adquirindo responsabilidade pela sua própria forma de atuar.
- Ter a consciência de fazer parte do mundo do paciente e do mundo de soluções possíveis, não se considerando à parte do mundo de todos os outros envolvidos.
- Ter responsabilidade pela construção do contexto terapêutico, tanto evolutivo quanto processual: quem escolher ver, quantas vezes, quando, onde, sublinhando quais temas.
- Mostrar sentimento de respeito, que consiste na capacidade de sentir curiosidade pela história única do cliente.
- Não ter poder unidirecional sobre o jogo que surge, sabendo que faz parte de uma dança relacional e partilhada, envolvendo muitos outros jogadores que, com suas premissas, eles influenciam.
- Fazer propostas conscientes de que é a dança comum que define o significado por meio de comentários.

- Monitorar sua posição no sistema para fazer ajustes, a fim de conseguir o que deseja.
- Ter a capacidade de constituir-se como constante e relacionar-se com os outros, num diálogo que confirme a existência dos participantes.
- Refletir constantemente sobre as ações implementadas e o *feedback* recebido para mudar a si mesmo e ao seu comportamento.
- Assumir a responsabilidade pelo seu próprio poder e pela assimetria de papéis: igualdade humana e pessoal, transparência experiencial, mas assimétrica, em responsabilidade pelo que acontece no contexto.
- Agir com base em palavras e ações para intervir nas relações.
- Cuidar da sua expertise, do seu know-how, da sua atenção às categorias que são utilizadas, a reflexividade que se implementa em relação aos processos de decodificação da realidade.

O terapeuta faz constantemente uma série de escolhas baseadas em algumas operações que é necessário completar. Eu descreveria, portanto, a intervenção clínica como uma série de ações implementado por um clínico:

1. Ser responsável por suas ações.
2. Estar ciente de escolher em relação a decisões que são, em princípio, indecidíveis.
3. Estar atento à própria linguagem e às suas ações.
4. Implementar operações em operações.
5. Atuar sobre si mesmo, porque está incluído no sistema.
6. Aumentar o número de escolhas para si e para os outros.
7. Considerar todos livres para agir em direção ao futuro que desejos.
8. Aumentar a heterarquia computacional (valores, escolhas que podem e mudam ao longo do tempo e não são organizados de maneira racional e lógica...).

Por todas estas razões, a Psicoterapia deve ser considerada uma prática ética, não médica.

A transição do controle para o respeito, a capacidade de não cair na armadilha em que o sistema se encontra, de não comprar os mapas com os quais se apresentou, a intenção de não agir de fora e se mover terapêutica exclusivamente estratégica ampliou a possibilidade de dançar junto, a fim de construir coerência narrativa e uma conversa participativa.

Nós sabemos de pesquisas em andamento cujo trabalho clínico está mais focado na desconstrução do que na construção de hipóteses alternativas, e que isso ocorre dentro de um cenário contaminado. Abdicar do poder significa, portanto, renunciar a todo controle e confiança das forças evolutivas e adaptativas no campo. Estes podem ser acionados desde que haja um respeito mútuo muito substancial, ingrediente constitutivo de trabalhar juntos.

Talvez, o significado mais importante inerente ao termo "mudança" na óptica sistêmico é justamente o do "respeito". Afirme que um terapeuta aborda a pessoa, como profissional consciente da dialética caos/ordem, estabilidade/mudança, disponibilidade/reserva, equivale a ter um profundo respeito por si mesmo, para si mesmo e para os seus próprios preconceitos/premissas, tanto e sobretudo para a pessoa, com o seu pedido de ajuda, seus "sintomas", sua história e suas conexões profundas, bem como para a sua constante possibilidade de mudança, pois está envolvida em um processo contínuo. O respeito nasce da curiosidade, entendida como habilidades colaborativas, nas quais não dar ao outro é um dado adquirido, mas eu o questiono sobre seu caminho e seus sentimentos/crenças/ações; o respeito se expressa na irreverência e na provocação (Cecchin, 1997): a possibilidade de sair dos moldes do outro e desafiar ideias e emoções presentes.

Olho para Andrea, que durante sete anos se considerou-se doente e não estudou, não conseguiu garota, não viajou. Estou curioso para saber quais benefícios secundários resultaram disso, quais lições aprendeu com isso, como ele se manteve. Eu o questiono sobre isso, sem qualquer julgamento, como H. von Foerster considerou em seu artigo de McCullogh e sobre heterarquia computacional, um dos artigos mais importantes da década de 1960. Nele, os autores demonstraram que as escolhas não são baseadas na lógica, mas na inspiração do momento, diferentemente de como os lógicos pensam.

Dica de admiração: eu nunca teria conseguido!! Ele me conta que ao longo dos anos construiu um relacionamento privilegiado com a mãe, relacionamento que nunca teve antes. Agora, eles fazem muitas coisas juntos, eles cozinham, fazem compras. Ela tolera seu mau humor e seu assédio. "Então ele atua como um emoticon para sua mãe, expressa emoções de frustração/aborrecimento/claustrofobia em seu nome. Mesmo aqueles de alegria?"

O respeito pelas pessoas envolvidas é aprendido e aumenta ao longo dos anos do trabalho clínico. Aprendemos a respeitar o problema apresentado: compreender um problema significa conhecer a forma como elementos de natureza psicológica diferentes interagem entre si, criando uma unidade coerente que parece óbvia para o paciente. Lidar com o desenvolvimento de uma coerência muito estreita entre comportamentos, ideias e interações que levam a vivenciar e explicar um quadro homogêneo de ações. O conceito de "atrator" é nossa opinião consistente com o que estamos falando, é o núcleo de características psicológicas em torno das quais se condensa o funcionamento de uma pessoa individual. O sintoma, dada a sua característica incomum e dolorosa, torna-se um atrator. A Psicoterapia pode ser considerada um processo emergencial de novos atratores, que levam à formação de novas conexões entre intersubjetivos, intrapsíquico e social. Aprendemos a identificar aquele nó que traz à tona a coerência entre ações, pensamentos e eventos, entre humores e escolhas, entre experiências, memórias e expectativas, quase como se cada pessoa se apresentasse com um roteiro de coerência estrita e não explícita, que deve ser compreendida e desvendada, cuja gramática vai reconstruída para perder, entender sua própria lógica e abrir espaço para novas conexões.

O clínico não pode deixar de lidar com os valores, não pode deixar de assumir uma posição política e não pode evitar assumir a responsabilidade pelos seus atos. Os médicos trabalham com pessoas e suas ideias, participam de interações e eventos comuns, eles não aplicam técnicas nas pessoas. As pessoas que eles alcançam para um clínico têm expectativas claras que correspondem a uma imagem social de clínica e seu papel como catalisador de mudança e evolução, e compartilham das expectativas sociais em relação a uma possível "cura" ou, em qualquer caso, em relação às intervenções de reestruturação e melhoria. O clínico não pode deixar de ser envolvido pelos valores que as explicações contêm e não pode deixar de ser responsabilizado pelo que isso acontece em reuniões.

Fizemos algumas perguntas, entre tantas possíveis, para não oferecer respostas (não implementamos o "você deve", "você não deve"); nós nem consideramos isso útil, propor respostas "certas" para nós, pois se elas estão certas ou não depende da dança que é criada. O objetivo principal foi apontar alguns momentos de escolha, convencidos de que toda escolha implica um valor ético; o objetivo era o de oferecer possíveis reflexões ao leitor porque, sozinho ou com seu grupo de referência, traçar os "limites" em relação aos seus caminhos, às suas escolhas, aos seus momentos críticos na consultoria, lembrando que não é possível deixar de levar em conta as próprias escolhas e que é desejável ampliar sempre as possibilidades operacionais. O instrumento ser-agir-pensar de maneira ética torna-se, portanto, mais uma vez reflexividade, entendida como a capacidade de voltar a experiência para si mesma.

Implementar operações de segunda ordem que derivam de uma posição reflexiva de parte da clínica é a primeira operação essencial e foi tema de todo o livro. A reflexividade se alimenta da capacidade de refletir não sobre si mesmo ou sobre categorias empregadas, mas na relação entre médico e cliente e na dança que emerge de sua reunião, à luz do modelo escolhido arbitrariamente pelo clínico. De acordo com o relatório, trata-se de ativar a reflexividade e transferi-la/compartilhá-la com o cliente, sabendo que o objetivo é pensar em como as hipóteses, as operações e as redefinições que surgem propõem pode ser normativo (e homeostático) ou evolutivo.

Essa atitude nos leva a falar do conhecimento do nosso conhecimento, diagnóstico de diagnóstico, cura de cura, responsabilidade de responsabilidade.

É também ter sempre em mente a possibilidade de resultados indesejados. As áreas cegas, conluios, possibilidade de se tornar médico homeostático, risco de risco iatrogênicos são acontecimentos inesperados que não podemos deixar de levar em consideração, com que devemos inevitavelmente levar em conta para respeitar a ética da processualidade clínica. Mesmo uma prática conduzida da melhor maneira possível pode levar a impasses e a um bloqueio na evolução do processo ou mesmo fazer com que pareça nada, continuamos repetindo.

Poderíamos chamar esta atitude em relação à ética e à comunicação de "relacional", responsabilidade consequente, e acrescentar que exclui totalmente a possibilidade de estar fora, fazer um diagnóstico a partir de um local privilegiado de observação, sem lidar com as consequências de suas ações. Esperamos que tenha sido entendido que a nossa proposta é nos considerarmos inevitavelmente parte do processo, precisando observar o *feedback* e, se não gostarmos do que surgiu, mudar a nossa atitude, a nossa maneira de estar uns com os outros, as nossas hipóteses, as nossas teorias sobre o que está acontecendo e sobre os outros.

Neste livro, falamos da possibilidade de construção de uma prática processual, evolutiva e ética. Gostaríamos de terminar este escrito com um imperativo ético fundamental na prática de trabalho do mestre Heinz von Foerster, que ele estabeleceu para muitos de nós como um estímulo à liberdade de pensamento e ação:

"Como tudo está consubstanciado na ética, aja sempre de forma a aumentar o número das suas escolhas e das dos outros."

Considerações finais

A esta visão evolucionista nós, sistêmicos, acrescentamos uma consideração do inconsciente como uma instância "amigável". Esta hipótese, muito diferente do que Freud ensinou, foi emprestada do hipnoterapeuta Milton Erickson que, colaborando com Jay Haley e com o Grupo Palo Alto, influenciaram a teoria sistêmica em tempo hábil.

O que significa "amigo" inconsciente? Que não estamos diante de uma agência externa que trabalha contra o indivíduo e é independente, mas sim com uma intuição aguda e muito desenvolvida e, sobretudo, adaptativa, que pode ser disponibilizada à pessoa e utilizada na terapia para redefinir o que acontece e construir a evolução juntos. Por sua vez, Bateson acreditava que o inconsciente era um modo de funcionamento do mundo criatural, onipresente, adaptativo, vivenciado desde o início da história da biosfera (Processos vitais revelam a onipresença de um "conhecimento não consciente" 1976/1997). Diferente do inconsciente freudiano que está estritamente ligado à consciência humana, fraqueza, uma inovação muito recente na história da evolução, que pode ser destrutiva.

Humano em devir sugere que nos chamemos de Martin Buber para sublinhar a natureza não estática do processo de vida ("Se você quiser ser você mesmo muda", lembrou Heinz von Foerster, que considerava todos livres para agir em direção ao futuro que desejassem).

Acho que é anti-histórico aceitar o processo dos outros tal como é, porque nestes tempos de estimulação psicológica exagerada, penso, é preciso saber usar o bisturi, ou seja, saber quais temas mais significativos trazer à luz e quais métodos relacionais trazer à tona.

É verdade que cada cliente é único, mas existem redundâncias relatadas na literatura, que podem ser usadas como diretrizes sobre quais fazer hipóteses, sempre pronto para provar que são falsas.

Costumo usar a metáfora do grão de areia, que é suficientemente duro e desconfortável para forçar o olho a se organizar para expulsá-lo. Assim, o terapeuta deve ser aceito, mas também desconfortável para perturbar. Ficamos desconfortáveis quando não conspiramos com esse sistema, porque, ao conspirarmos com esse sistema, não criamos perturbações. Mara Selvini Palazzoli chamou isso de "constituir-se como constante".

Deixamos de falar dos aspectos físicos, mesmo que a conexão entre o psíquico e o físico seja tida como certa e seja nossa responsabilidade levantar a hipótese da presença de uma doença física, ainda não diagnosticada, e identificar o que não está sendo trazido até nós sempre e somente como psíquico. Depois há outro nível, o espiritual, que não pertence à terapia, mas é igualmente errado e ignorado.

É sugestivo sublinhar, a este respeito, que o primeiro "material" da Psicanálise foi, classicamente, o sonho. Bem: no imaginário coletivo, o sonho é ainda mais imaterial que a palavra, o pensamento, as ideias, os projetos, os medos, os desejos. Nada é mais "imaterial" do que os sonhos, pode-se dizer... e o sonho foi, em certo sentido, o "material" inaugural da prática psicoterapêutica.

É interessante notar a este respeito que a autonomia dos sistemas se baseia e emerge de processos recursivos que "fecham" sobre si mesmos: a autonomia implica um certo grau de "fechamento". Se um psicoterapeuta afirmasse saber o que acontece com o outro correria o risco de usar o termo "s-fold" com o significado de "aberto", ou seja, a operação de examinar dentro de um dispositivo com o objetivo de compreender seu funcionamento. Em vez disso, o termo explicar, como uma fita que é desatada, permite-nos compreender aspectos que estavam ocultos pelo diálogo.

Lanthano: ocultar, obscuro; verdade: aletheia, aquilo que não é escuro. O rio está presente no livro décimo da República de Platão, onde é narrado o mito de Er, que desceu ao submundo para aprender os mistérios que ele mostrou um cartão com um círculo e uma estrela e pediu que o colocassem no espaço à sua frente e ao lado dele até que duas figuras não se uniram tornando-se uma só à vista, demonstrando a presença de uma zona cega em cada um de nós.

Uma figura em que um motivo idêntico é repetido em escala menor ou ampliada nesse sentido, gosto da especificação do psicanalista bioniano Antonino Ferro (2002) sobre os vértices de escuta entre os quais é possível escolher e em estratégias para perceber aquilo para o que somos cegos. O analista – segundo ele – interpreta a cena analítica utilizando alguns vértices do pensamento para interpretar os personagens presentificados, diferentes níveis de observação. Imagine a narração como um campo emocional-linguístico habitado simultaneamente por múltiplos "personagens": um personagem histórico (acontecimento real externo), um objeto interno (experiência do mundo interno com os pais e outras pessoas significativas), um caráter holográfico afetivo (um relato do que está acontecendo na relação terapêutica) e um "derivado narrativo" da experiência emocional, que produz continuamente ά elementos na sessão. Esta grelha oferece a possibilidade de raciocinar sobre os derivados narrativos das sessões, ou seja, sobre o continuo com a narração, sobre as ligações que o clínico faz em resposta à narração trazida, mas também àquelas que não faz, que ele deixa de fora ou ignora, o que ele não percebe ele não leva em consideração, o que na teoria dos sistemas é deixado à intuição e ao entendimento tácito do operador individual.

Por fechamento, entendemos um sistema que examina e seleciona as entradas que vêm de fora e atribui significado a elas consistentes com sua organização. Fazem parte dele todas as pessoas que formam o sistema determinado pelo problema, ou seja, todas as pessoas que compartilham as definições e operações que giram em torno do problema e que estão conectadas entre si e organizadas por definição problemática. Toda a rede atua como uma única rede de máquinas não triviais (NTM), onde a entrada e saída coincidir.

HvF acredita que o conceito de fechamento implica inevitavelmente a construção de oito valores (valores próprios) inventada pelo matemático David Hilbert, mais tarde chamado de "pontos fixos" e "atratores estranhos". Ou seja, apenas algumas soluções são possíveis, não sendo as resoluções infinitas. Na definição autorreferencial "Esta frase é composta de.... letras", por exemplo, existem apenas duas soluções possíveis: 38 e 29.

A noção de heterarquia foi introduzida nas ciências por Warren McCulloch num artigo de 1965. Significa que a direção não é centralizada, mas é tomada momento a momento pela rede com base nas circunstâncias.

Referências

Anderson, H. (2012). *Relatório do Congresso Gregory Bateson e o Século do Rizoma*. Vancouver, 23 a 25 de outubro.

Anderson, H., Goolishian, H. A. (1988). *Sistemas humanos como sistemas linguísticos*. Em família Processo 27, pp. 371-394.

Aponte, H.; Kissil, K. (2012). Se eu conseguir lidar com isso, posso realmente ser útil na terapia. Sala: usando as próprias lutas emocionais do terapeuta para facilitar uma terapia eficaz. *J. de Terapia Conjugal* e *Familiar*, n. 3.

Asen, E. (2001). *Terapia familiar múltipla*. Kernac, Londres.

Bateson, G. (1972). *Rumo a uma ecologia da mente*. Tri.it. Adelphi, Milão, 1976.

Bateson, G. (1979). *Mente e natureza*. Tri.it. Adelphi, Milão 1984.

Bateson, G.; Bateson, M. C. (1987). *Onde os anjos hesitam*. Adelphi, Milão, 1989.

Bateson N. (2012). *Relatório do Congresso Gregory Bateson e o Século do Rizoma* Vancouver, 23 a 25 de outubro.

Bianciardi, M. (2010). *Evolução do pensamento sistêmico e da prática clínica*. Reflexões Sistêmico, n. 2. www.aiems.it

Bianciardi, M.; Bertrando, P. (2002). *Terapia ética: uma proposta para a era pós-moderna*. Em Terapia Familiar, n. 69, p. 5-26.

Bianciardi, M.; Telfener, U. (1995). *Enjoando da Psicoterapia*. Franco Angeli, Milão.

Bion R. (1992). *Cogitações*. Armando Editore, Roma, 1996.

Boal, A. (1992). *O arco-íris do desejo. Manual para a prática do teatro do oprimido*. Lá Meridiana, Milão, 1994.

Boscolo, L.; Cecchin, G.; Hoffman, L.; Penn, P. (1987). *Clínica sistêmica. Diálogos de quatro vias sobre a evolução do modelo milanês*. Tri.it. Bollati Boringhieri, Turim 2004.

Blixen, K. (1934). *Sete histórias góticas*. Adelphi Milan, 1989.

Campbell, D.; Groenbaek, M. (2006). *Tomando posições na organização*. Karnac, Londres.

Carroll, L. (1865). *Alice no País das Maravilhas*.

Ceccarelli, M. (2011). L'organizzazione Gerarchico-Strutturale del Sistema Nervoso Centrale. In C Blundo. Neuroscienze Cliniche del Comportamento 3°ed., 89-121. Elsevier, Milano

Cecchin, G. (1987). *Revisão dos conceitos de hipótese, circularidade, neutralidade. Um convite para curiosidade*. TR.it.in Ecologia della mente, 5, 1988, pp. 29-45.

Cecchin, G.; Lane, G.; Ray, WA. (1992). *Irreverência: uma estratégia de sobrevivência para os terapeutas*. Tri.it. Franco Angeli, Milão, 1993.

Cecchin, G.; Lane, G.; Ray, W. A. (1997). *Verdade e preconceito, uma abordagem sistêmica para Psicoterapia*. Raffaello Cortina, Milão, 1994.

Ceruti, M. (1995). *Apresentação do volume de A.L.Goudsmit*. Op.cit. 113.

Cingolani, S. (1991). *O diagnóstico do diagnóstico na terapia familiar*. *In* Malagoli Togliatti M., Telfener, U., op cit.

D'Angio, A. (1996). *Além do domínio da nosografia, a comunicação na conferência*.

Elkaim, M. (2008). *Ressonância na supervisão e treinamento. In* Sistemas Humanos, 19, 1-3, pp. 16-25.

Faimberg, H. (1996). *Ouvindo para ouvir*. Int j. psycho-anal.77 (4), pp. 667-677.

Ferro, A. (2002). *Fatores de doença, fatores de cura*. Editora Raffaello Cortina, Milão.

Foerster, H. (VON) (1974). Cibernética da cibernética, laboratório de computação biológica, urbano.

Foerster, H. (VON) (1987). *Compreendendo computadores e cognição, resenha do livro de Terry Winograd e Fernando Flores, previsão tecnológica e mudança social*, 32, pp. 311-322.

Foerster, H. (VON) (1987). *Sistemas de observação*. Astrolábio Roma.

Foerster, H. (VON) (1990). *Ética e cibernética de segunda ordem, relatório ao congresso internacional Éthique, Idéologies, Nouvelles Méthodes*. Paris, 4-6 de outubro de 1990.

Foerster, H. (VON) (1992). *Letologia, vis a vis com o indeterminável, indecidível, incognoscível, em PERTICARI P.* (ed.). Conhecimento como educação, Angeli, Milão.

Fruggeri, L. (1997). Famílias. Dinâmica interpessoal e processos psicossociais. A Nova Itália Científico / Carocci, Roma.

Fruggeri, L. (2008). Diferentes normalidades. Psicologia social das relações familiares. Carocci, Roma.

Fruggeri, L.; Matteini, M. (1988). Sistemas maiores? Para além de uma abordagem dualista do processo de mudar. *No The Irish Journal of Psychology*, 9 (1), 183-194.

Gauron, E. F.; Dickinson, J. K. (1996). *Tomada de decisão diagnóstica em psiquiatria*; Arq.Geral Psic., 14.

Goudsmit, A. L. (1995). *Auto-organização em Psicoterapia*. Guerini Milan.

Guidano, V. (1988). *A complexidade do eu, Bollati Boringhieri*, Torino.

Harries-Jones, P. (1995). *Uma visão recursiva: compreensão ecológica e Gregory Bateson*. Toronto: Universidade de Toronto Press.

Hoffman, L. (1983). *Um modelo evolutivo para terapia familiar sistêmica*. Em Malagoli Togliatti, M.; Telfener U. (ed.). Terapia sistêmica. Astrolábio, Roma.

Hoffman, L. (1985). *Além do poder e controle*, em Family Systems Medicine, 3, 381-396.

Hoffman, L. (1993). *Trocando Vozes*, Karnac Books, Londres.

Hoffman, L. (2002). *Family Therapy, uma história íntima*, Norton, Nova York.

Jaynes, J. (1976). *O colapso da mente bicameral e as origens da consciência*, Adelphi, Milão, 2002.

Keeney, B. (1983). *Estética da mudança*. Tri.it. Astrolábio, Roma, 1985.

Keeney, B. (2011). *Cozinhando a truta prateada. Produzindo uma pedagogia recursiva do amor;* manuscrito não publicado.

Kendel, L RT (1975). *O papel do diagnóstico em psiquiatria*, Il Pensiero Scientifico, Roma, 1977.

Kinman, C. J. (2000). *Uma linguagem de presentes: uma apostila*. Rock the boat Publishing, B.C. Canadá.

Laing, R. D. (1961). *O eu e os outros*. Tri.it. Sansoni, Florença, 1969.

Lang, P. (1993). *Seminário na Sociedade Italiana de Pesquisa e Terapia Sistêmica*, Milão.

Madonna, G. (2003). *Psicoterapia através de Bateson*. Bollati Boringhieri, Torino.

Malagoli Togliatti, M.; Telfener U. (ed.) (1983). *Terapia sistêmica*. Astrolábio, Roma.

Malagoli Togliatti, M.; Telfener, U. (ed.) (1991). *Do indivíduo ao sistema*. De marca Boringhieri, Turim. 114

Manfrida, G. (2010). *Mensagens de texto em Psicoterapia*, Antígona, Torino.

Manghi, S. (1994). *Através de Bateson, ecologia da mente e relações sociais*. Raffaello Cortina, Milão.

Maturana, H. (1990). *Autoconsciência e realidade*. Tri.it. Raffaello Cortina, Milão, 1993.

Maturana, H. (2004). *Da biologia à psicologia*. Editorial Universitaria.

Maturana, H.; Varela, F. (1980). *Autopoiese e cognição*. Tri.it. Marsílio, Veneza, 1985.

Mccarthy, I. C. (2010). *A Quinta Província: Imaginando um Espaço de Cocriações Dialógicas!* Contexto, dezembro: 6 a 11.

McCulloch, W. S. (1965). *Uma heterarquia de valores determinados pela topologia das redes nervosas*, em encarnações da mente. MIT Press, Cambridge.

Morin, E. (1986). *O conhecimento do conhecimento*. Raffaello Cortina. Ed. Milão, 2007.

Pask, G. (1975). Conversação, cognição e aprendizagem, Elsevier New York.

Pedone, E. (2010). *Terapia familiar com a ajuda do EMDR: uma forte ferramenta para processar pequenos e grandes traumas vivenciados por crianças e adultos*. Ecologia da Mente 1.

Penn, P. (1982). *Questionamento Circular*. *In* Processo Familiar, 21. pp. 267-280.

Piaget, J. (1950). *Epistemologia genética*. Laterza, Bari, 1974.

Poincaré, H. (1902). *Ciência e hipótese*. Negocie. Dédalo, Bari, 1989.

Putnam, H. (1975). *Mind, Language and Reality: Philosophical Papers*, Vol. 2. Cambridge: Cambridge University Press, 1975.

Rotondo, G. (1983). *A modificação da estrutura cognitiva da família no processo terapêutico*. Terapia Familiar, 13.

Routledge, R. (2012). *Relatório do Congresso Gregory Bateson e o Século do Rizoma*, Vancouver, 23 a 25 de outubro.

Safran, J. D.; Segal, Z. V. (1991). *O processo interpessoal na terapia cognitiva*. Feltrinelli, Milão, 1993.

Saraceno, B. (1995). *O fim do entretenimento*. Etas libri, Milão.

Schutzenberger, A. A. (1993). *A síndrome dos ancestrais*. Di Renzo editore, 2004.

Semerari, A. (1991). *Processos cognitivos na relação terapêutica*. La Nuova Italia Scientifica, Roma.

Siegel, D. J. (2001). *A mente relacional: neurobiologia da experiência interpessoal*. Cortina Editora, Milão.

Schon, D. (1983). *O profissional reflexivo. Por uma nova epistemologia da prática profissional*. Dédalo, Bari, 1999.

Selvini Palazzoli, M. *et al*. (1988). *Jogos psicóticos na família*. Raffaello Cortina Editore, Milão.

Selvini Palazzoli, M. *et al*. (1985). *O indivíduo no jogo*. *In* Terapia Familiar, 19, pp. 65-73.

Spencer-Brown, G. (1969) Leis da forma. George Allen & Unwin, Londres.

Telfener, U. (1985). Erros na terapia familiar sistêmica: uma ferramenta de aprendizagem. *Arquivo de Psicologia Neurologia Psiquiatria*, n. 3-4, pp. 513-30.

Telfener, U. (1987). *Uma entrevista com Heinz von Foerster*. Em Telfener U, Cingolani S. (ed.). Reflexões sobre problemas epistemológicos em Psicoterapia, Psicoobjetivo, pp. 2-3.

Telfener, U. (1993). Questões e reflexões sobre a relação terapêutica. *Family Therapy*, 43.

Telfener, U. (1996). *A avaliação do processo clínico: a perspectiva sistêmica*. Psicoobjetivo, 2.

Telfener, U. (1996). *As falhas da terapia*. *In* F. Piccini e D. Bavestrello (eds.).

Telfener, U. (2011). *Contextos de aprendizagem, estratégias para entrar em novos ambientes de trabalho*. Raffaello Cortina, Milão, 2011.

Telfener, U. (2012). Sobre o conceito de cuidado e o que fazemos em Psicoterapia. *Reflexões sistêmico*, n 7, www.aiems.it

Telfener, U.; Casadio, L. (2003) (ed.). *Sistémica*. Vozes e caminhos em complexidade. De marca Boringhieri, Turim.

Tomm, K. (1989). *Externalizando o problema e internalizando a agência pessoal*. J. estratégico e Terapias Sistêmicas, vol. 8, n. 1.

Tomm, K. (1990). Entrevista Intervencionista. A estatização como quarta diretriz. *In* Il *Boletim do Centro de Terapia Familiar de Milão*, n. 22, pp. 37-48; n. 23, pp. 3-19, n. 24, p. 1-14.

Ugazio, V. (1989). Indicação terapêutica: uma perspectiva construtivista sistêmica. *Terapia Família*, n. 31.

Ugazio, V. (1991). Expectativas em relação à terapia como ferramenta de diagnóstico. *In* V. Ugazio (ed.). *Emoções, sujeito do sistema*. Vida e Pensamento, Milão.

Ugazio, V. (1998). *Histórias permitidas, histórias proibidas. Polaridades semânticas familiares e psicopatologias*. Bollati Boringhieri, Turim.

Varela, F. G. (1975). *Um cálculo de autorreferência*. Int. J. General Systems, 2, 5-24.

Walker, C. C.; Ashby, W. R. (1966). *Sobre características temporais do comportamento em certos complexos sistemas*. Kybernetik, 3 (2), 100-108.

Winnicott, D. W. (1971). *Jogo e realidade*. Armando editore, Roma, 1971.

Anotações

Construindo ideias
e conectando mentes

Este livro foi composto com a tipografia Bookmania
Maio/2025